W0346900

Babygeflüster

Birgit Zart

Babygeflüster

Eine Gebrauchsanweisung für die

Kinderwunschzeit

Bibliografische Information der Deutschen Bibliothek:
Die Deutsche Bibliothek verzeichnet diese Publikation in der Deutschen Nationalbibliografie; detaillierte Daten sind im Internet über http://dnb.ddb.de abrufbar.

Herstellung und Verlag: Books on Demand GmbH, Norderstedt
ISBN 3-8334-1846-X

Inhalt

Kinderwunschzeit

Meine lieben Frauen,

Ein unerfüllter Kinderwunsch kann manchmal für jede Einzelne von uns ein ganz trauriger Lebensabschnitt sein. In ihm bewegen wir uns, manchmal sogar über Jahre hinweg, ganz mutterseelenallein beladen mit unserer unsichtbaren, heimlichen Bürde. Und im Laufe der Jahre gehen dann vielleicht nach und nach unsere Lebensqualitäten einfach so dahin. Eine nach der anderen.

Das kann einen müde machen und sehr, sehr einsam. Vielleicht leidet längst schon unsere Partnerschaft darunter, unsere Familie, unsere Freunde und unsere Freundschaften. Am meisten aber leiden wir selbst und ich finde es wichtig, dass wir uns dies einmal ganz klar vor Augen führen, dass wir uns das endlich einmal auch selbst eingestehen: Die Sehnsucht nach unseren Kindern tut sehr weh!

So betrachtet, befinden wir uns in einem Dilemma, aus dem wir selbst anscheinend nur herauskommen, wenn wir pünktlich vor dem Eisprung Sex haben, wenn der liebe Gott unsere Gebete erhört oder die Krankenversicherung uns eine künstliche Befruchtung spendiert.

Was aber, wenn auch das nicht ausreicht, wenn trotz Adam Riese und der Beachtung aller anderen guten Ratschläge unser Wunschkind bisher noch immer nicht kommen mochte; was, wenn sich ganz langsam die Angst in uns einschleicht, dass wir vielleicht zu den Frauen gehören werden, die niemals ein eigenes Baby in ihren Armen halten dürfen?

Da kann einem wirklich Angst und Bange werden, und die erste Hoffnungslosigkeit droht sich hinzu zu gesellen. Dies ist ein guter Zeitpunkt, das Ruder herumzudrehen, und einen neuen Kurs zu fahren. Ein guter Zeitpunkt, sich zu fragen, ob es denn nicht mehr gibt als die Hoffnung auf den fernen und unzuverlässigen Klapperstorch oder eine ausgefeilte Reproduktionsmedizin.

Hoffnung

Ich möchte euch hier Hoffnung geben, und zwar gleich eine ganz große Portion davon. Denn wir selbst können noch erstaunlich viel mehr tun, um unserem Wunschkind Tag für Tag ein wenig näher zu kommen. Seit vielen Jahren arbeite ich mit Frauen und ihrem unerfüllten Kinderwunsch und ich rufe hier mal ganz laut: Nein Deutschland wird nicht aussterben, nein die Hallen der Babyverteiler sind nicht plötzlich aus unerfindlichen Gründen ganz leer! Es haben sich in unserer Gesellschaft nur einige Dinge verändert, die so grundlegend sind, dass nun neue, komplexere Wege und Verantwortungen für uns als Mütter auf uns zukommen. Diese gilt es für uns zu begreifen. In diese neue Rolle können wir hineinwachsen. Und wir verstehen dann vielleicht auch, weshalb viele künstliche Befruchtungen nicht zwangsläufig zum Wunschkind führen, weshalb viele körperlich vollkommen gesunde Paare dennoch nicht schwanger werden.

Da muss noch mehr sein. Einige ahnen es wohl schon lange. Gibt es naturheilkundliche Alternativen? Habe ich wirklich alles versucht? Stecken vielleicht ganz tief in mir oder meinem Partner irgendwelche Blockaden, die es aufzulösen gilt? Ist mein Kinderwunsch wirklich überzeugt genug? Ist vielleicht meine Mutter schuld daran, weil sie mir, als ich selbst noch ein Kind war, prophezeite, dass ich niemals eine gute Mutter werden könne? Oder ist es meine eigene Schuld, weil ich so lang Zeit gar kein Kind haben wollte, sondern erst mal meine Karriere machen wollte? Oder wünsche ich mir das Kind einfach zu sehr? Alle wissen doch, dass manche Paare genau dann schwanger werden, wenn sie ihren Kinderwunsch gerade aufgegeben haben. Und viele bekommen Kinder, obwohl sie gar keine mehr wollten und das sogar trotz Verhütung. Warum klappt das nur bei mir nicht?

Dieses Büchlein soll ein Leitfaden sein für unseren Weg in ein neues Verständnis von Empfängnis, es soll Möglichkeiten von psychischen und seelischen Blockaden aufzeigen, soll vermitteln, wie wir sie suchen, finden und auflösen können. Es zeigt Zusammenhänge aus unserer Kindheit, aus dem Leben und Wirken unserer Mütter und Großmütter mit unserem Kinderwunsch auf und hilft uns, aus den Blockaden wieder heraus zu kommen. Es wird uns zeigen, wie jedes unserer Gefühle sich immer auch in unserem Körper manifestiert und dort wirkt, bis wir es geheilt haben. Es ist eine Sammlung all der seelischen Zusammenhänge, die mir in meiner jahrelangen Laufbahn als „Babyflüsterin" über den Weg gelaufen sind, Zusammenhänge, die ich als Heilpraktikerin in der Praxis oder in den vielen Kinderwunschseminaren mit meinen Patientinnen auflöste, und die daraufhin dann doch, manchmal entgegen aller diagnostischen Prognosen schwanger wurden und von denen heutzutage einige ein echtes Verhütungsproblem haben.

Das macht Mut und es zeigt: Es scheint einen Weg zu geben sowie allerlei verschiedene Zusammenhänge, die tief in unserm Inneren die Erfüllung eines Kinderwunsches entweder begünstigen können, oder in anderen Fällen diese auch erschweren. Diese Zusammenhänge habe ich versucht, zu strukturieren: Ich möchte sie erklären, die Auswege aufzeigen, ich möchte euch ermutigen, euch auf diesen neuen Weg einzulassen und habe hier und da auch mal eine Übung eingefügt, die sicherlich für noch vieles mehr nützlich ist, als nur für den Kinderwunsch.

Dies soll ein Do-it-yourself-Büchlein sein, damit wir nicht länger tatenlos einfach auf unser Kind hoffen und warten, sondern ab jetzt und sofort selbst zu kleinen Täterinnen werden, und unseren Kinderwunsch selbst in die Hand nehmen.

Ich wünsche euch von ganzem Herzen viel Freude auf diesem neuen Weg.

Aller Anfang ist schwer

„Es muss noch mehr geben, als einen Mann und eine Frau, als nur eine Eizelle und ein Spermium, damit aus ihnen ein Kind entsteht. Was aber mag das nur sein?“

Über diese Frage habe ich lange, lange Zeit nachgedacht. Und als ich keine vernünftige Antwort finden konnte, leitete ich sie schließlich weiter, nach „ganz oben“, ja, ich betete um eine Antwort. Eine Erkenntnis sollte ich erhalten, einige Wochen später, als ich eines Nachts wach wurde und mich an einen wunderschönen Traum erinnerte:

Ich saß in einem großen Wartezimmer. Das sah so ähnlich aus, wie das Wartezimmer im Kraftverkehrsamt. Ich hielt ein Zettelchen mit meiner Wartenummer in meiner Hand und als auf einer großen Anzeigetafel endlich meine Nummer aufleuchtete, sprang ich von meinem Hocker, drückte ehrfürchtig die Klinke einer großen Tür und trat in ein großes, helles Büro. In der Mitte stand ein riesengroßer Schreibtisch, hinter dem saß ein ziemlich wichtig aussehender, weiser alter Mann. Ich fühlte mich recht klein hier, und traute mich kaum, mich auf den mir zugewiesenen Stuhl zu setzen. Der alte Mann vor mir fragte mich nach meinem Anliegen. Ich sah ihn an, und fand da ganz viel Liebe in seinen Augen, das ließ mich mein Lampenfieber etwas vergessen und ich wagte, zu fragen:

„Warum können so viele Frauen nicht schwanger werden?“

„Warum willst du das wissen?“, fragte er zurück.

„Weil ich möchte, dass Frauen schwanger werden können, wenn sie das wollen“.

„Mein liebes Kind“, antwortete er verständnisvoll, „da hast du dir aber viel vorgenommen!“

„Ich weiß!“ sagte ich während er mich interessiert und zugleich freundlich anschaute.

„Das Empfangen der Kinder ist eine wirklich komplizierte Angelegenheit“, erklärte er mir, „es müssen sehr, sehr viele Dinge gleichzeitig vollkommen in Ordnung sein.

Stell vor, du sitzt in einer Art alter Telefonzentrale, so wie man sie früher hatte! Vor dir befindet sich eine große Anzahl von Steckern und Steckdosen, und alle musst du verwalten, so wie seinerzeit das Fräulein vom Amt. Damit eine Frau ein Kind empfangen kann, ist eine ganz bestimmte Kombination von richtig platzierten Steckern und Steckdosen notwendig. Sind alle Stecker richtig platziert, dann sind alle Verbindungen hergestellt.

Manche Frauen haben schon immer alle notwendigen Verbindungen parat, bei anderen aber stecken manche Stecker an der falschen Stelle. Diese musst du herausfinden und die fehlenden Verbindungen wieder herstellen, aber nur bei denen, die an der falschen Stelle sind. Die Stecker, die richtig stecken, die musst du lassen, wo sie sind. Bist du sicher, dass du das willst?"

Mir war klar, dass ich mir da ganz schön was vorgenommen hatte, doch ich antwortete mutig entschlossen mit einem deutlichen:

„Ja! Das will ich!"

Ich saß noch immer dort an diesem Schreibtisch, diesem alten, wunderlichen und doch so weisen Mann gegenüber, aber in mir ratterten schon die Gedanken, zogen sich die ersten Kreise um die nächste Frage, nämlich, wie ich diese Sache mit den vielen Steckern irgendwie hinzaubern könnte, da entließ er mich mit den Worten:

„Nun, junge Frau, dann wünsche ich dir viel Erfolg mit deinen neuen Verbindungen! Du solltest aber auch noch wissen, dass es nicht nur ein bestimmtes Muster an Verbindungen gibt, das du finden musst. Für jede Frau ist eine andere Kombination von Verbindungen notwendig, die jeweils so individuell ist, wie die Menschen es nun einmal sind. So musst du für jede Frau die ihr eigene Verbindungskombination herausfinden."

Mit diesen Worten wurde ich wohl aus der Unterhaltung entlassen und befand mich wieder zu Hause in meinem Bett und war gerade so wach geworden, dass ich mich an diese traumhafte Unterhaltung noch gut erinnern konnte.

Und wie das mit Träumen oft so ist, ich vergaß ihn zunächst, wie viele andere auch. In mir blieb aber eine Ahnung, dass es nicht nur eine Antwort auf meine Frage gibt.

Ich erinnerte mich im richtigen Moment wieder an meinen Traum mit dem weisen Mann, nämlich genau jetzt, da ich versuche, euch eine Art kleiner Betriebsanleitung für euren Weg zur Empfängnis mitzugeben. Übernehmt doch gerne einfach diese Betriebsanleitung. Denn es ist nicht so, dass ich diejenige bin, welche die richtige und passende Kombination der Verbindungen dann schließlich für euch findet, das wart immer ihr selbst und ihr seid es noch immer.

Ich kann euch allenfalls dabei zur Seite stehen, euch unterstützen, beraten und helfen.

Sehnsucht

Ganz tief in uns gibt es eine Sehnsucht.
Es ist die Sehnsucht nach unserem Wunschkind,
es ist die Sehnsucht danach, endlich auch Mutter zu sein.

Diese Sehnsucht wohnt in jeder Frau.
Sie wohnt in uns seit Eva, sie ist also uralt,
so alt wie wir Frauen selbst es sind.
Sie ist ein Teil von uns,
so wie wir ein Teil von ihr sind.

Das war schon immer so!

Als unsere Mütter schwanger gingen mit uns,
da haben wir sie spüren können, ihre Sehnsucht nach uns.
Und vielleicht ja auch schon früher.

Als unsere Mütter uns in den Armen hielten,
da spürten wir ihre Sehnsucht nach uns
dann auch körperlich.
Was für ein wundervolles und zauberhaftes Gefühl das war!

So eine tiefe Vertrautheit,
so eine sichere Geborgenheit,
so viel Wärme und Liebe
sind es,
was unsere Mütter in sich für uns in sich verwahrt hielten,
um es uns dann am Anfang unseres Lebens schenken zu können.

So kam die Sehnsucht zu uns.
Sie wurde uns geschenkt durch die Liebe unserer Mütter.

Als unsere Mütter uns dann aus ihren Armen gaben,
damit wir die Welt mit eigenen Füßchen kennen lernen können, da war dieses großartige Geschenk schon unseres.

Es war so tief schon in uns, wie auch in unseren Müttern.

Und wir lebten und spielten mit der Sehnsucht,
mit unzähligen kleinen Barbiepuppen,
mit Teddyschmusereien,
und bald schon bauten wir unsere ersten kleinen Höhlen,
waren schon richtig kleine Neandertalerinnen,
gaben unserer Sehnsucht ein Heim, ein Zuhause.

Das taten wir unsere ganze Kindheit hindurch,
immer auf die eine oder andere Art.

Als wir älter wurden,
da begann unser Körper sich zu verändern.
Wir wurden auch körperlich zu Frauen.
Wir trugen die Sehnsucht in uns.
Also wurden wir schon wieder zu kleinen, potenziellen Müttern.

Unmittelbar nachdem wir zur Frau wurden,
bekamen wir unsere ersten Kinder,
um das Sehnsuchts-Geschenk unserer Mütter an sie weiter zu geben.

Das war schon immer so!

Bei den meisten Frauen.
Nur nicht bei uns selbst.

Denn wir sind Kinder einer anderen Zeit.

Andere Zeiten haben andere Eigenschaften.

So erbten wir in unserer Generation
nicht nur die Sehnsucht nach unseren Kindern von unseren Müttern,
sondern auch eine ganz neue Sehnsucht nach
Unabhängigkeit, Selbstbewusstsein und Selbstkontrolle.

Als wir zu Frauen wurden,
bekamen wir keine Kinder,
sondern die Antibabypille.

Wir sind seit Eva die erste Generation von Frauen,
der es möglich werden sollte,
unsere Kinder in Unabhängigkeit von anderen zu empfangen und großzuziehen.

Dies ist eine hervorragende Idee der Evolution,
denn zu lange hatte sie zusehen müssen,
wie unsere Beschützer einfach weggehen,
auf die Jagd, in den Krieg,
und eines Tages nicht mehr wiederkamen.

Um dieses besser zu verkraften,
um dem Schicksal ein angemessener Partner zu sein,
begannen wir,
auch die beschützenden Eigenschaften in uns anzulegen.

Also lebten wir unsere Sehnsucht nicht gleich durch unsere Kinder an sich, sondern dadurch, dass wir ihnen und uns eine größere Sicherheit verschafften.

Wir besuchten Schulen, bildeten uns.
Aus Sammlerinnen wurden auch kleine Jägerinnen.

Wir können unsere Mahlzeiten nicht nur zubereiten,
wie können sie uns auch besorgen,
und in schlechten Zeiten den Mammut auch selbst erlegen.

In uns tragen wir also eine vollkommen neue Qualität der Mutterschaft.

Einige von uns hat dies ein wenig verwirrt. Denn nicht unsere mütterlichen Qualitäten haben sich verändert, auch die Lebensabschnitte, in denen wir unsere Kinder empfangen, haben sich verschoben, verändert.

Von unseren Müttern erlernten wir die Fähigkeit, unmittelbar nach dem „zur Frau werden", unsere Kinder zu empfangen.

Wir aber möchten und werden unsere Kinder empfangen,
erst nachdem wir auch kleine Jägerinnen geworden sind.
Das ist viel, viel später.

Und anscheinend schwieriger, denn uns fehlt noch das Erbe, unsere tiefe Sehnsucht nach einem anderen Zeitplan zu leben.

Wir sind längst zu Partnern der Evolution geworden,
wir sind alle kleine „Evoluzzerinnen".

In dieser Partnerschaft liegt die Verantwortung,
hier und jetzt,
in diesen Generationen,
aus der Herausforderung der Veränderung
wieder kleine und wesentliche Geschenke für unsere Töchter
zu machen.
Ja, es geht und es wird so sein!

Du kannst es,
ich kann es,
jede von uns kann es!

Wir bekommen unsere Kinder auch als mütterliche Jägerinnen, warum auch nicht?

Wir müssen es nur lernen.
Und ich verspreche dir,
es fehlt viel weniger, als du denkst,
um dieses auch wahrhaftig zu schaffen und zu erreichen.

Machen wir uns also auf den Weg.
Legen wir zuallererst das Erbe unserer Mütter in uns frei.
Ihr tiefes Wissen um die Mutterschaft vergangener Generationen.

Und gehen wir dann Schritt für Schritt den Herausforderungen entgegen, um unser eigenes großes Geschenk dann an die Generationen weiterzugeben, die nach uns kommen werden.
Es gibt immer eine Generation „danach".

Unser Erbe und unser Zeitgeist werden sich also wieder vereinen, so wie das schon oft in unserer Geschichte war.

Wieder halten wir die Zukunft in unseren Händen und unseren Herzen. Das ist die Garantie dafür, dass diese Zukunft eine gute und richtige Zukunft wird.

Unsere Töchter werden kleine Jägerinnen sein.
Sie werden unsere Geschenke in sich tragen.
Und auch die Geschenke unserer Mütter.
Sie werden beides in sich vereinen.

Ja, wir werden sie in den Armen halten.
Unsere Wunschkinder.
Töchter und Söhne.

Wir müssen ihnen einfach nur entgegengehen,
ihnen unsere Herzen wieder öffnen.
Für sie all unsere Liebe in uns wieder finden,
versammeln und zur Verfügung stellen.

Dafür müssen wir einfach nur uns selbst wieder finden.
Unsere Ängste und Hoffnungen
an die richtigen Plätze zurückgeben.

Uns dem Leben hingeben.
Unserer Liebe,
und dann,
erinnern wir uns auch wieder,
wie wir empfangen.

Wir alle wissen sehr genau, wie das geht.
Denn dieses Wissen ist ein Geschenk unserer Mütter.

Wir müssen uns nur erinnern ...

Auf der Suche nach dem tiefen Wissen in uns

Meine Lieben Frauen,

tatsächlich ist das Wissen ums Kinderkriegen ganz tief in uns verwahrt. So sind wir sozusagen alle Würdenträgerinnen. Wir tragen alles in uns, um den Fortbestand unserer Art sicherzustellen.

Es gibt für uns eigentlich nur zwei Dinge zu beachten:

Erstens müssen wir die Geschenke unserer Mütter und das Wissen unserer Vorfahrinnen seit unendlich vielen Generationen in uns wiederfinden. Und zweitens müssen wir weitere Geschenke für unsere Kinder noch ein wenig kreieren. Dies ist der Vorgang der Empfängnis, und er ist wieder erlernbar.

Betrachten wir doch zunächst einmal, was sich in den letzten Jahren geändert hat, in genau den Umständen rund herum um das Empfangen und Weitergeben.

In den letzten Jahren haben wir unsere Selbstständigkeit, unsere Selbstkontrolle gestärkt. Dafür haben wir unsere Köpfe eingesetzt und trainiert. Kinder kriegen kann man aber nicht mit dem Kopf. Zu unseren kleinen Wunschbabys kommen wir immer noch mit dem Bauch und mit dem Herzen.

In beidem steckt Wissen. In unseren Köpfen ebenso, wie in unseren Bäuchen.

Mit den Köpfen haben wir nun genug gearbeitet.

Lassen wir uns also wieder ein, auf unsere Bäuche und unsere Herzen.

Wenn wir es schaffen können, das Wissen unserer Bäuche mit dem Wissen unserer Herzen und dem Wissen unserer Köpfe wieder zu vereinen, dann erlangen wir das *tiefe* Wissen vergangener Generationen wieder zurück.

Machen wir uns also auf den Weg. Lernen wir zunächst uns selbst wieder zu finden.

Eine kleine Selbstbetrachtung

Schauen wir uns doch fürs Erste einmal selbst an:

Seit einigen Jahren arbeite ich als Homöopathin und Hypnosetherapeutin ausschließlich mit werdenden Müttern. Damit meine ich diejenigen Mütter, die auf dem Wege sind, ihre Wunschkinder zunächst einmal zu empfangen. Das sollte doch ganz einfach sein, denken viele. Das ist es einerseits auch. Aber andererseits auch nicht.

Tatsächlich ist es die Herrschaft unseres Kopfes, der das Erbe unserer Mütter zunächst einmal etwas verschüttet hat.

So sind wir von unseren Müttern entfernt worden, haben uns von ihnen entfernt, und dies drückt sich in all unseren Emotionen aus, und somit auch in jedem Winkel unseres Körpers.

Vielleicht trauen wir uns selbst nicht mehr so ganz über den Weg?

Vielleicht ist unser Selbstbewusstsein längst dahin, wenigstens in Punkto Empfängnis?

Vielleicht ist unser Alltag längst zu einer Achterbahn der Gefühle geworden, zum Auf und Ab zwischen Eisprung und Menstruation?

Vielleicht ist aus unserem Selbstvertrauen längst Angst geworden?

Vielleicht ist in uns ganz allmählich aus dem Vertrauen und der Hingabe zum Leben eine große Traurigkeit entstanden?

Vielleicht ist aus unserer Liebe zu unseren Partnern längst Kalendersex geworden, und anstatt uns zu tragen, erträgt er uns, so wie die Schuld dafür, dass er uns noch nicht geschwängert hat?

Vielleicht haben wir längst gemeinsam mit ihm eine wunderschöne Höhle gebaut, eine schöne große Wohnstatt, einen vollen Kühlschrank, einen schicken Herd?

Vielleicht haben wir längst Platz geschaffen, in unserem Leben, in unseren Herzen, für eine richtige quirlige und lebendige

Großfamilie. Doch unsere Höhle ist noch leer. Und in ihr wohnt nichts als die Einsamkeit.

Alles, was wir fühlen, das drücken wir auch körperlich aus. Das macht die Arbeit mit unseren Gefühlen ja so wunderbar einfach. Wir können sie „drinnen“ ebenso sehen, wie „draußen“.

Fangen wir mit dem einfachsten an: Mit dem „Draußen“. Schauen wir, wie wir uns äußern, wie unser Körper mit seiner verloren gegangenen Sehnsucht diese in sich äußert.

Ich erzähle euch hier aus meinem Nähkästchen. Dieses Nähkästchen enthält alles, was ich im Laufe meiner Arbeit in der Praxis, in den Seminaren und durch meine jahrelange Arbeit in der Internetberatung der www.kinderwunschhilfe.de an Erfahrung sammeln durfte. Auch wenn es vielleicht an der einen oder anderen Stelle ein wenig wehtun mag, sich im „Spiegel“ zu betrachten, ich möchte euch hier versichern, dass ich jeder Kinderwunschfrau mit sehr viel Respekt begegne, und eine aufrichtige Liebe für sie empfinde. Dies empfehle ich euch ebenfalls.

Schaut in den Spiegel, aber tut dies liebevoll mit euch selbst. Egal, was ihr seht, dies ist nur eine Momentaufnahme, und schon morgen nicht mehr so, wie heute, hier und jetzt.

Und haltet mit nichts zurück. Schon gar nicht mit den Tränen. Denn jede Träne, die wir vergießen, die geben wir auch endlich frei, machen uns frei von ihr. Mit jeder Träne, die wir vergießen, geht auch ein Stück Traurigkeit von uns. Und sollten wir auch hunderttausend Tränen weinen müssen, das macht nichts, dann weinen wir eben hunderttausend Tränen.

Unsere Tränen sind doch nur ein Ausdruck der tiefen Sehnsucht in uns.

Sie sind ein Ausdruck der Geschenke unserer Mütter. Seien wir also froh und auch stolz, dieses Geschenk in uns zu tragen.

So folgt jeder Träne ein Gefühl von Hoffnung, und jedem Weinen folgt ein Stück unserer inneren Gewissheit. Jede Träne und jedes Lachen soll von nun an ein kleiner Schritt sein, auf dem Weg zu unseren Kindern.

So werden aus den Tränen der Verzweiflung auf einmal Tränen der Freude und der Gewissheit.

Ich tu das jetzt mal: Ich möchte mir erlauben, für kurze Zeit ein Spiegel zu sein, euer Spiegel. Ich beschreibe euch, wie ich meine Frauen im Kinderwunsch erlebe, sehe und fühle, zumindest anfangs.

„Geknickte“ Frauen

EINE KINDERWUNSCHFRAU STEHT selten gerade. Manche stehen nur ein wenig „gebeugt“, andere sehr.

Kopflastig sein

Da wäre zunächst der zur Seite gelegte Kopf. Frauen mit langem, unerfülltem Kinderwunsch können einfach ihren Kopf nicht mehr gerade halten, und ich habe mich oft gefragt, ob er nicht vielleicht einfach nur zu schwer geworden ist, viel zu schwer, um in der Balance Kopf-Herz-Bauch einen angemessenen Platz inne zu halten. Das mag wohl sein. Schließlich haben wir unseren guten Kopf ja auch jahrelang trainiert, und das ist auch gut so. Nun aber ist er etwas aus dem Gleichgewicht geraten und dies halten wir erst mal nur so fest.

Der seitlich gehaltene Kopf hat auch viel zu tun mit unserem eigenen Geburtserlebnis, und all den Ereignissen um unsere Geburt herum und den Gefühlen unserer Mütter dabei. Dazu werde ich später noch einiges schreiben, nachdem ich einige grundlegende Dinge erklären konnte.

Geknickte Seele - geknickte Frau

Auch die Hüften sind oft eingezogen oder verdreht, wir treffen einen „geknickten“ Stand an, und das wundert ja auch gar nicht, schließlich sind wir auch innerlich sehr geknickt.

So ergibt sich ein verdrehter Stand, der sich bis zu den Füßen durchziehen kann. Besonders von unseren Teenagern kennen wir das; sie stellen sich x-beinig hin, die Fußspitzen zeigen zueinander. Ob das modern ist? Oder ist das vielmehr eine Art genitales

Verschlossensein? So, als ob der Körper sagen wollte: An mich kommt keiner mehr heran?

Kopf, Hüfte, Beine, Füße, alles steht geknickt. So ist unsere Achse nicht mehr im Lot. Das erscheint ja auch logisch, wenn sonst in unserem Leben auch nichts mehr im Lot zu sein scheint. Im Lot sein bedeutet aber nicht nur, dass man ein ausgeglichenes, emotionales Empfinden hat, es bedeutet leider auch, dass uns ganz wichtige Lebenskräfte, diejenigen nämlich, die auch die gesunden Pflanzen und Tiere ständig aufnehmen und aufnehmen müssen, um durch sie gesund zu bleiben und sich zu vermehren, schlicht und ergreifend: *fehlen*!

Die verratenen Bäuche

Am traurigsten aber machen mich die Bäuche. Wann immer ich eine Kinderwunschfrau in der Praxis oder auf den Seminaren begrüße, nehme ich sie in meine Arme. Ich werde ganz herzlich zurück-begrüßt, doch nur mit dem Oberkörper.

So halte ich dann vielleicht meine Patientin so richtig in meinen Armen, halte einen engen und aufrechten Kontakt, doch stets nur bis zum Rippenbogen dieser Frau, allenfalls bis zum Bauchnabel. Manchmal kommt mir das ein wenig vor, wie in den Filmküssen im Fernsehen. Fast immer, wenn eine Schauspielerin einen Schauspieler küsst, dann spielt sie ihre Rolle gut, aber immer nur bis zum Oberkörper. Ihren Unterleib entzieht sie ihm. Den behält sie für sich. Das ist ein berechtigter Vorbehalt, finde ich, jedenfalls beim Film.

Das gilt aber nicht im normalen Leben, nicht unter Menschen, die sich mögen, nicht unter Menschen, die sich herzlich begrüßen.

Die Kinderwunschfrau aber entzieht mir ihren Bauch. Sie hält ihn zurück, wie sie inzwischen schon vieles in ihrem Leben zurückhält. Das traurigste hier ist: Sie hält sich selbst zurück.

Woran mag das nur liegen? Wir bezeichnen unseren Bauch ja auch als unseren „heiligen Raum“. Ihn aber haben wir nicht mehr in seiner richtigen Platzierung. Wir haben ihn zurückgezogen, so wie wir uns selbst zurückgezogen haben. Wir haben ihn weggehungert, verletzt, und aus Stolz über ein „gebärfreudiges“ Becken wurde ein Versteckspiel unseres allerheiligsten Allerwertesten.

Monat für Monat hat dieser Bauch uns anscheinend verraten, wenn er uns statt eines positiven Schwangerschaftstests schon wieder einfach nur eine Monatsblutung liefert. Wie viele Schwangerschaftstests haben wir wohl schon gemacht, wie oft ist uns der so ersehnte rosarote Streifen vorenthalten worden? Wie oft wohl empfanden wir unseren Bauch als Verräter? Als einen, der einfach nicht mitmachen will, all unsere Hoffnung und Sehnsucht endlich auch leben und erleben zu können?

Das ist Unfrieden, meine Lieben, und zwar ein Unfrieden, der sich gewaschen hat. Es wundert kaum, dass ich einen solchen Bauch verstecke, der sich hinter mir herschleppen muss, anstatt dass wir ihn stolz vor uns hertragen, so wie die Schwangeren es so schön tun.

So wurde unser Stolz zur Scham.

Und dies wird keinesfalls besser, wenn wir dann dort, wo wir uns ja eigentlich Hilfe erhofften, nämlich in der Medizin, bei den Fachärzten, in den spezialisierten Kinderwunschpraxen, stattdessen nur eine weitere Entwürdigung dieses unseres heiligen Raumes erfahren. Haben wir dort Zuwendung und Stärkung unserer Geburtsorgane gesucht, so erhalten wir stattdessen Hormone und chirurgische Eingriffe, sowie eine weitere Verunsicherung darüber, wie unser Körper funktioniert, weil er vermutlich nicht so ganz in die eine oder andere Norm zu passen scheint.

Und so geht das natürlich nicht. Das können wir sogar mit dem Kopf begreifen: Zum Kinderkriegen brauchen wir unsere Bäuche, und zwar in all ihrer Pracht, Würde und Kraft. Lassen wir dies also gerne unseren ersten kleinen Schritt sein. Bringen wir zunächst unseren Körper und besonders unseren Bauch wieder in die ihm zustehende Position.

Das ist durchaus möglich. Und wir können es selbst tun. Vielleicht mag diese kleine Übung seit langer Zeit überhaupt ein erster kleiner Schritt sein, den wir neben dem morgendlichen Temperaturmessen wirklich selbst gehen können. Vielleicht ist es manch einer Frau wirklich ungewohnt, nun einmal selbst etwas zu tun. Ihr möchte ich Mut machen, es doch einfach einmal zu probieren. Es mag eine neue Erfahrung sein, selbst etwas zu tun für unseren Kinderwunsch. Es soll aber nicht die letzte Erfahrung sein. Im Gegenteil, ab jetzt und ab sofort mischen wir wieder mit. Wir werden uns die Fähigkeit zu Empfangen wieder entwickeln, und dabei sind wir der aktive Part, wir allein sind die „Macherinnen“!

Übung 1:

Suchen wir uns einen Spiegel und etwas Ruhe. Was wir jetzt sehen werden, das wird noch klarer, wenn wir uns an unserem Spiegel eine Lotschnur befestigen. Entweder stibitzen wir sie aus der Werkzeugkiste unserer Männer oder wir bauen sie uns aus allem Möglichen selbst. Man braucht nur eine Schnur mit einem kleinen Gewicht unten dran. Es reicht ein Faden mit dem Ehering unten dran als Gewicht. Dies befestigen wir in der Mitte unseres Spiegels.

Nun stellen wir uns so vor den Spiegel, dass wir die Lotschnur genau auf der Körpermitte sehen können. Wir stellen uns vor den Spiegel, in der Absicht und dem Bemühen, vollkommen gerade zu stehen.

Das geht natürlich nicht. Und ich sage auch mal ganz klar: kein Mensch steht wirklich vollkommen gerade, jedenfalls nicht von sich aus. Das kann man aber üben.

Es geht uns hier ja nicht um Ästhetik oder Schönheit. Was wir ja im Grunde betrachten wollen, sind unsere verletzten Gefühle, die sich in unserer Körperhaltung manifestiert haben. Für den Anfang nämlich, können wir sie im äußeren Spiegel eher finden und mit ihnen arbeiten, als mit unseren inneren Spiegelbildern.

Wir dürfen uns noch einmal klarmachen:

Eine Veränderung unserer Gemütshaltung verändert auch immer unsere Körperhaltung. Andersherum funktioniert das ebenfalls: Verändern wir unsere Körperhaltung, dann wirken wir also umgekehrt immer auch direkt auf unsere Gefühle ein, nämlich auf genau diese Gefühle, die diese Körperhaltung einst hervorgerufen haben.

Schauen wir uns also an, wie wir stehen. Nehmen wir jedes „Geknicktsein“, jede „Zurückgenommenheit“, jedes „aus der Mitte sein“ in und an uns zunächst einmal zur Kenntnis. Betrachten wir unseren Kopf, unsere Hüften, unseren Bauch, die Arme, Beine und Füße. Stellen wir uns auch gerne an den Wangenknochen, den Hüftknochen kleine, farbige Punkte vor, damit wir die Abweichungen leichter sehen können.

Nicht wirklich traurig sein jetzt, wenn das eine oder andere nicht so ganz gerade oder aufrecht ist. Wir können ja schon jetzt ganz unmittelbar daran arbeiten.

Unser Körper heilt immer von oben nach unten und von innen nach außen.

Dies ist ein Heilsatz und gilt für alles Lebende, auch für uns.

Fangen wir also gerne oben und in der Mitte an. Bringen wir allmählich unseren Kopf wieder in seine Mitte. Stellen wir ihn gerade. Und dann warten wir auf das, was in uns geschieht. Warten wir einfach, mit einer Engelsgeduld, darauf, was in uns hochkommt, vielleicht sind dies Gefühle, vielleicht aber auch Bilder und Erinnerungen.

Ich verrate euch etwas: Es kommt immer etwas hoch und immer wird etwas bewirkt. Es dauert anfangs nur ein wenig länger, auch müssen wir vielleicht lernen in uns hineinzuschauen, hineinzuhorchen.

Seien wir also einfach nur geduldig mit uns, das waren wir vermutlich schon ganz lange nicht mehr. Jetzt aber wird das anders: Wir lassen uns Zeit, und auch den Dingen, die da in uns hochkommen.

In unseren Köpfen laufen so viele verschiedene Dinge ab. Hier speichern wir die Dinge des Bewusstseins seit unserer Geburt und vermutlich auch aus der Zeit davor. Erstaunlicherweise ist auch hier unsere Erinnerung an unsere eigene Geburt gespeichert. Das würde man nicht denken, nicht wahr, dass unser Kopf auch eine Speicherfähigkeit über den normales Tagesverstand hinaus hat? Hat er aber, und wie!

So kann es sein, dass in uns Bilder oder Gefühle zum Vorschein kommen, die wir mit unserer Geburt, mit unserem Eintritt in dieses Leben hier in Zusammenhang bringen dürfen. Das muss gar nichts weiter Weltbewegendes sein, vielleicht sehen wir einfach nur Wolken oder Blümchen. Vielleicht kommen aber auch Gefühle in uns hoch.

Ganz egal, was es auch sein mag, wir interpretieren das nicht, wir lassen einfach alles nur laufen.

Sollten wir noch nichts merken, dann macht das gar nichts, denn es passiert immer etwas. Wir können diese Übung ja einfach in unseren Alltag einbauen, dann schauen wir halt jetzt morgens nicht nur, ob unsere Bluse gut sitzt oder ob sich der Stringtanga durch die weiße Hose abzeichnet; wir schauen ab jetzt genauer hin, schauen, wie wir selbst uns denn abzeichnen in all unseren schönen Kleidern, und auch auf das, was sich *in* uns abzeichnet.

Im Laufe der Zeit lernen wir dann, die Dinge auch zu sehen. Das geht immer am besten mit Leichtigkeit, denn mit „Biegen und Brechen" geht es gar nicht. Stehen wir einfach mal gerade, strecken die Brust raus, die im lateinischen den wunderschönen Namen „Mamma" trägt. Tragen wir unsere Mamma stolz vor uns her, machen wir uns frei von jedem „Modediktat".

Stellen wir unsere Hüfte gerade, und spüren vermutlich schon gleich danach, wie unsere Durchblutung im Bauchraum direkt darauf reagiert. Wenn wir den Bauch nicht mehr einziehen, dann ist das, als blinzelten wir schon ein klitzekleines Stück aus unserer eigenen Zurückgezogenheit hervor, und das ist ein ganz wunderbares Gefühl.

Wenn wir heute aus dem Haus gehen, dann sollten wir mal gut auf unsere Umgebung achten, auf die wir schon ein klein wenig verändert wirken.

Viele Gefühle können in unserer Zurückgezogenheit verborgen sein. Manchmal haben wir Angst im Bauch, manchmal Wut und manchmal auch nur Leere.

Egal, was es ist, in dem Moment, da wir sie erkennen, ist ein Teil davon schon wieder weg, denn Gefühle machen das genauso: sie pludern sich auf, sagen sich: „wie deutlich soll ich denn noch werden?“, und wenn wir sie nur anschauen, dann sind sie schon – ruckzuck – gewissermaßen zufriedener mit uns, und wir gleichfalls mit ihnen. So werden unerwünschte Gefühle kleiner, aber das lernen wir später noch genauer.

Achten wir drauf, dass unsere Füße gerade und parallel stehen, „entknoten“ wir sie, spielen wir vielleicht einfach nur „Model“ und nehmen damit das Körpersignal zurück, welches unserer Umwelt signalisiert hatte: Ich hatte mich verheddert.

So haben wir es in nur wenigen Minuten geschafft, uns schon ein ganz klein wenig zu verändern. Sein wir stolz auf jeden kleinen Schritt, den wir tun. Und genießen wir jeden kleinen Zentimeter des Ballasts, den wir nun nach und nach einfach über Bord schmeißen, genießen wir wieder jeden zurückgewonnen Zentimeter Frau in uns, und genießen wir die Reaktionen unserer Umgebung auf uns.

Die Befreiung einleiten

Bald fangen wir vielleicht auch an, in weitere Details zu gehen. Vielleicht lassen wir unsere Haare frei als Zeichen dafür, dass wir uns selbst freigelassen haben.

Wir hatten sie zusammen genommen, zum Zopf oder zur Frisur, weil wir uns selbst zusammengenommen haben. Nun aber gönnen wir uns ab und zu „Frau pur“ zu sein, in all unserer Schönheit und Freiheit.

Nur was offen ist, kann empfangen

Achten wir auch auf unseren Mund. Nie wieder soll uns jemand, auch nicht wir selbst, mit zusammengekniffenen Lippen sehen. Nicht verkniffen, nicht auf etwas herumkauend. Unser Unterkiefer ist eine unserer empfindlichsten Antennen, um Widerstände aus unserer Umgebung aufzunehmen. Die brauchen wir nun nicht länger.

Wir lockern den Unterkiefer, in dem wir ihn hin und her bewegen, am schnellsten verschwindet das „Verkrampfte", wenn wir ihn nach vorne und hinten bewegen.

Dann öffnen sich unsere Lippen wieder wie von selbst. Dann sind sie wieder verführerisch, weich und offen, drücken Interesse aus an unserer Umgebung als ein unterbewusstes Signal, sie werden der kleinen Zuckerschnute der Babys gleich, diesem Kussmündchen, dem einfach keiner widerstehen kann.

So entdecken wir uns selbst wieder. Werden wir wieder ein Stück weit wir selbst. Ganz unspektakulär, und auch ganz für uns allein. Diese tägliche kleine Arbeit an uns selbst könnte unser kleines Geheimnis sein. Wir können dies spielerisch tun, ganz leicht und ohne Eile oder Ehrgeiz. Es ist so einfach, und bringt schon bald ganz viel Freude zu uns zurück, denn unterbewusst nehmen nicht nur wir selbst, sondern auch unsere Männer, unsere Freunde und unsere Umgebung die Veränderungen unserer Körpersignale wahr, ebenso wie die ersten kleinen Schritte unserer inneren Veränderung.

„Spielen" wir diese Übung, spüren wir diese kleinen Veränderungen, und dann staunen wir nur noch.

Mit einem ersten kleinen Lächeln im Gesicht.

Der Weg zum Kind ist ein innerer Weg

Wir haben nun unser Äußeres angeschaut, haben schon die ersten kleinen Schritte zur Veränderung in die Wege geleitet. Und selbst, wenn ihr vielleicht noch keine Lust hattet, unsere kleine Übung auch wirklich einmal zu probieren, dann macht das erst mal nichts. Allein, die Tatsache, dass ihr meine Gedanken gelesen habt, gibt euch die Möglichkeit, euch vielleicht in der nächsten Zeit etwas genauer, und vor allem anders selbst zu betrachten, dies allein soll für den Anfang schon genügen. Wer weiß, vielleicht tut ihr es eines Tages einfach und haltet es dann für das Selbstverständlichste der Welt?

Die alternative Kinderwunscharbeit ist eine aktive Arbeit, und es ist eine innere Arbeit. Gewiss, ich empfehle seit vielen Jahren immer wieder die eine oder andere homöopathische Arznei an, oder erkläre euch auch die wichtigsten ätherischen Öle, welche die Fruchtbarkeit unterstützen. Und ich freue mich auch sehr, im Laufe der Zeit zu sehen, wie viele meiner Kollegen diese meine Arbeit übernommen haben und ebenfalls weitergeben. Auch an der Verbreitung der Fruchtbarkeitsmassage ist und war mir seit nun fast zehn Jahren immer gelegen. Dies aber ist nicht der Kern meiner Arbeit. Der wahre Kern meiner Kinderwunscharbeit ist und bleibt die Arbeit mit und am Menschen selbst.

Für diejenigen, die womöglich direkt aus der medizinisch spezialisierten Kinderwunschpraxis kommen, mag dies vielleicht jetzt enttäuschend sein.

Ihnen möchte ich sagen, dass nicht allzu viel gewonnen ist, wenn man das eine Medikament gegen ein anderes austauscht, auch dann nicht, wenn „meine" Arzneien und Rezepturen weniger oder gar keine Nebenwirkungen haben.

Die wahre Heilung wird in unserem Innern eintreten. Die „Babyflüsterin" zaubert euch also keine Babys, das tut auch ihre Medizin nicht. Nein, das mag vorkommen, aber es ist nicht die Regel. Der wirkliche Weg zum Kind wird ein innerer Weg sein, auf dem ich euch gerne Schritt für Schritt begleite; gehen aber werdet ihr ihn selbst.

Es dürften inzwischen vermutlich Tausende von Frauen sein, mit denen ich direkt oder indirekt diesen Weg gegangen bin, und aus dieser Erfahrung heraus nehme ich schließlich das Selbstbewusstsein, euch dies hier so klipp und klar zu formulieren und auch aufzuzeigen.

Oft im Leben ist es so, dass man im Nachhinein Dinge noch klarer sehen kann, als vorher. Nicht anders geht es mir. Wenn dann eines Tages ein Foto einer überglücklichen Mutter mit ihrem neugeborenen Baby bei mir eintrudelt, dann kann ich rückwirkend den ganzen Weg dieser jungen Mutter noch einmal Revue passieren lassen und jeden ihrer Schritte wiedererkennen. Dann möchte ich den Hut ziehen, vor dieser Leistung einer Frau, die sich irgendwann einmal auf den Weg gemacht hatte, um von einer Tochter zu einer Mutter zu werden.

Dies ist ein Reifeprozess, ein Weg, ein Werdegang. Mehr oder weniger sieht dieser Werdegang immer sehr ähnlich aus. Und er hat auch immer die gleichen wichtigen Stationen. Individuell bleibt dann, wie intensiv sich die jeweilige Frau mit dem einen oder anderen Thema beschäftigt.

Wir könnten uns Kinderwunscharbeit auch vorstellen, wie die riesengroße Schalttafel, in der Hunderte von Steckern stecken. Steht eine Frau mit unerfülltem Kinderwunsch davor, so wird sie wissen: Einige dieser Stecker sitzen an der falschen Stelle!

Die „Therapie“ sieht nun nicht so aus, dass da wer herkommt, gezielt die Stecker wieder an die jeweils richtigen Plätze versetzt. Nein, so ist das nicht. Denn wir werden uns einen Steckplatz nach dem anderen vornehmen, ihn auf seine Richtigkeit überprüfen. Haben wir einen Stecker korrigiert, dann überprüfen wir wieder das ganze System, die ganze Schalttafel, und dann werden wir vermutlich auf den nächsten falschen Steckplatz stoßen. Man korrigiert hier also nach und nach. Wir werden diesen Weg also Schritt für Schritt gehen.

Mit jedem dieser Schritte, die wir dann gegangen sind, kommt eine vollkommen neue Qualität in unsere Kinderwunschzeit, und das funktioniert und ist das Schöne daran.

So individuell wir charakterlich sind, so individuell sehen auch unsere Schalttafeln aus. Und so individuell werden wir auch unsere Steckplätze verändern, entwickeln und korrigieren. In dieser Hinsicht kann also niemand sagen, wie der Weg zum Kind aussehen wird oder wie lange er dauern wird.

Etwas anderes gibt es aber wohl, was immer gleich bleibt. Das sind die Relationen unserer Gefühle untereinander. Wenn wir diese verinnerlicht haben, werden wir sicherer und selbstbewusster in unserer Kinderwunscharbeit werden, denn wir verstehen uns selbst besser und wissen auch eher, wo wir jeweils stehen.

Die Sanduhrgrafik

Ich kann es tatsächlich in ein Schema tun! Mit kleineren Abweichungen ist dies das, was sich in jeder meiner Patientinnen abgespielt hat auf ihrem Weg zum Wunschkind, die heute glückliche Mütter sind, und die inzwischen mit hoher Wahrscheinlichkeit sogar ein Verhütungsproblem haben.

Dieses Schema ist eine kleine Grafik geworden, wir nennen sie Sanduhrgrafik. Denn die Anordnung der Emotionen gleicht einer Sanduhr.

Das erste und letzte Thema sind die jeweils größten und umfangreichsten.

Und das Thema in der Mitte, das ist das kleinste, es bildet die Taille.

Schauen wir uns unsere Sanduhr doch gerne einmal an:
Der Weg, der vor uns liegt wird einer sein, der vom Kopf übers Herz direkt in den Bauch hinein geht und wirkt.

Die Gefühle, wie Trauer, Angst und Hoffnung sind sämtlich dem Kopf zugeordnet, weil er es ist, der sie durch sein Kontrollverhalten auf die falschen Plätze verwies und dort gefangen hält. Hier haben

viele unserer Blockaden ihren Ursprung, auch die meisten Blockaden unserer Empfängnisfähigkeit.

Mit ihm werden wir anfangs arbeiten, und diese Arbeit macht über unsere ganze Kinderwunschphase den größten Anteil aus. Dies soll uns aber nicht entmutigen. Es ist ein Erfahrungswert, dass schon nach zwei oder drei Wochen einfach nur durch das *Wissen* darüber, was da in mir vorgeht, der Kopf wenigstens schon soweit besänftigt ist, dass Ruhe und Gelassenheit in uns einkehren; das dürfte dann schon die Morgendämmerung unserer geistigen Genesung sein.

Sobald wir auch nur ein ganz klein wenig in die Zuversicht kommen, haben wir Unterstützung unserer Herzen wieder sicher, und alles wird viel einfacher.

Die Themen Familienerbe, inneres Kind und lebensspendende Prinzipien klingen so vergeistigt, unterliegen aber der Bauchregentschaft. Das ist auch gut so, denn diesen Themen stellen wir uns besser in all unserer Liebe und all unseren gefühlsmäßigen Toleranzen. So wird das, was früher so quälend und ellenlang an den Psychotherapien war, nun zum Spaßelement unserer Kinderwunschzeit, es erlebt sich, wie ein kleiner Luxus und vor allem geht es wirklich rapide voran.

Diese Anordnung der Gefühle in uns ist stets die gleiche. Unterschiede erleben wir halt im ganz Individuellen, und das ist ja auch gut so. Doch trotz der immer gleichen Schichtung wirken unsere Themen niemals nur allein für sich, im Gegenteil, sie sind immer alle in uns, und wirken vor oder nach, wirken miteinander und untereinander.

Das mag vielleicht überhaupt eine gangbare Erklärung sein dafür, dass Frauen es eines Tages dann doch wagen, die Kontrolle „einfach" aufzugeben. Dieser Schritt ist nämlich alles andere als einfach, und doch wird er mehr oder weniger immer vollzogen.

Das ist so, weil die verschiedenen Schichten in uns gleichzeitig und wechselseitig wirken. Und vielleicht ist es ja die Zuversicht in uns, sei sie noch so winzig, die uns Mut macht, uns auf neues Terrain zu begeben.

Vielleicht ist es auch die Sehnsucht nach unserem Kind selbst, die das noch bestärkt.

Welche Unterstützung wir auch immer haben mögen, ich möchte euch Mut machen: Wir Frauen können das, wir können die Kontrolle auf ein vernünftiges Maß abschwellen lassen, um schließlich wieder in eine natürliche Balance zu kommen. Dies geschieht schließlich auch durch die Stärkung von Herz und Bauch. Machen wir uns also auf den Weg, stellen wir uns dem wohl mächtigsten aller Themen: Der Kontrolle!

Kontrolle

Kontrolle hat im Kinderwunsch einmal überhaupt nichts zu suchen.

Dennoch ist sie da: stark, groß und mächtig. Wie konnte uns das nur passieren?

Es ist ja eigentlich nur folgerichtig: Wir haben uns verändert, gemeinsam mit der Gesellschaft, denn wir sind die Töchter unserer Zeit.

Wir haben gelernt, dass wir für alles, was wir uns wünschen, einfach nur hart und fleißig arbeiten müssen. „Ohne Fleiß kein Preis!“, sagten sie uns. Also sind wir fleißig im Kinderwunsch denn das Kind lockt als unser wohlverdienter Preis. So sind wir abgekommen vom Wissen um die Geschenke unserer Mütter. Es ist uns kaum mehr vorstellbar, ein Kind als ein Geschenk zu erhalten. Wir wollen es bekommen. Also wollen wir es uns verdienen. Also sind wir fleißig.

Wir kontrollieren unseren Eisprung, wir messen unsere Basaltemperatur, wir erstellen Monatskurven, wir rennen zum Zyklusmonitoring, wir lassen unsere Hormone kontrollieren, um dann festzustellen, dass wir als Individuum immer an der einen oder anderen Stelle an fragwürdigen Normen, Werten und Tabellen aus dem Rahmen fallen *müssen*. Dennoch macht es uns Angst und wir ackern noch mehr. Wir zitieren unsere Männer zum Eisprung ins Bett, wir haben unsere Lust zum Kalendersex degradiert. Die Potenz – und das Potential – unserer Männer bemessen wir in Spermiogrammen und übersehen dabei, dass diese ein Reagenzgläschen einfach nicht so lieben können wie uns selbst, und daher dieses Spermiogramm schon mal nicht richtig sein kann.

Schließlich begegnen wir den Dingen, die wir im Grunde doch so lieben, unseren Männern, unseren Bäuchen, mit Schuldzuweisungen und fühlen uns von ihnen irgendwie verraten, wohl wissend, dass wir es sind, die da so falsch geraten haben, die Dinge haben falsch geraten lassen. Wir wissen inzwischen, dass man mit dem Kopf keine Kinder bekommen kann. Und dennoch geraten wir immer tiefer und immer noch tiefer in diese glücksvernichtende Spirale ohne Ende hinein.

Wir haben uns längst verbissen in diesen Denkfehler, und je „quätscher" unser Quatsch wird, desto härter gehen wir gegen uns selbst und unser inneres Wissen vor. Zu stark sind unsere Lebens- und Erfolgsgewohnheiten geworden. Zu groß ist die Hoffnung, dass ein „normaler Zyklus"(was immer das auch sein mag) ein Garant für unser Traumkind sei, also verlieren wir den Kontakt zu uns und unseren Kindern für eine vermeintliche Hoffnung auf einen „normalen" Zyklus. Schon haben wir dabei unser eigentliches Ziel aus den Augen verloren.

Dafür gehen wir immer härter gegen uns und unsere Partner vor. Wir haben es immer eiliger. Und gleichzeitig ist unsere Frusttoleranz schon weit unter den Keller gesackt. So werden wir in der Hektik immer böser auf uns und Gott und die Welt.

Nur manchmal kommt sie dann noch hervor. Diese tiefe Sehnsucht in uns, die dann mit uns macht, dass wir weinen und uns verfluchen, wenn wir unserer Menstruationsblutung allmonatlich begegnen. Hier wird alles schon einfacher, auch wenn es uns so sehr traurig vorkommt.

Vielleicht steigen wir hier einfach mal ein.

Darf ich dem Kopf mal mit meinem Kopf begegnen? Vielleicht kann dies ja ein gelungener Anfang sein. Versuch ich doch erst mal, dem Kopf mit Logik beizukommen.

Es gibt ein wunderschönes Buch von Robin Baker. Es heißt „Krieg der Spermien" und ich kann es euch nur wärmstens empfehlen. Vor allem denjenigen unter uns, die ihre Göttergatten allmorgendlich mit allerlei Vitaminen, Mineralien und potenzfördernden Arzneien verfolgen, die vielleicht den einen oder anderen zärtlichen Anflug von Lust an sich vorüberziehen lassen, nur um die „Ladung", die zum Eisprung dann optimal sein sollte, nicht zu „vergeuden. (Mein Gott, was für eine Vergeudung!)

Obwohl Bakers Thema eigentlich nicht der Kinderwunsch ist, hat er in seinen Studien doch Folgendes belegt: Als Menschen wirkt immer auch ein Teil der Evolution in uns. Das bedeutet, dass sowohl Männlein als auch Weiblein auf ihre jeweils eigene Art und Weise zur Erhaltung der Art beitragen. Hier aber gibt es unterschiedliche Ausführungsformen und Hintergründe.

Der Mann möchte sich möglichst zahlreich fortpflanzen. Die Frau möchte ein möglichst vielversprechendes Erbgut ihrer Begatter finden. So sorgt im Sinne der Evolution der Mann für Quantität, die Frau für Qualität.

Wenn ich mich recht erinnere ist die Frau mit den zahlreichsten Kindern eine Russin und hat im Laufe ihres Lebens über 60 Kinder geboren. Der zahlreichste Vater ist irgendein Scheich mit über 800 Kindern.

Dies sind also zwei nachvollziehbare Motivationen.

So ist auch der Mann halt immer etwas „schneller"bei der Sache, als die Frau, die da sehr sorgsam herangeht. Offenbar sichert sich die Natur hier ein wenig ab. Denn sie will nicht, dass der Mann weiß, wann seine Partnerin „fortpflanzungsfähig" ist. Dies mag ihre „Maßnahme" sein, dass ihre eigenen Gesetze dauerhaft gelten. Die einzige wirklich gute Möglichkeit, den Mann in einer entsprechenden „Unwissenheit" zu belassen ist, dass die Frau es am besten auch nicht weiß.

Und dies entspricht auch klar meiner Erfahrung: Sobald eine Frau anfängt, ihren Zyklus zu kontrollieren in der Absicht, sich fortzupflanzen, fängt ihr Zyklus oft an zu tanzen. Er verschiebt sich, der Eisprung erfolgt früher oder später, er führt die Frau dann einfach an der Nase herum.

Dennoch ist ein tanzender Zyklus eher ein Zeichen unseres Körpers, empfangen zu wollen. Dies hören wir von den sogenannten „Multiparas", den Frauen die anscheinend ein Kind nach dem anderen gebären – viele von ihnen sagen, sie wüssten gar nicht so recht, wie sie zu dem einen oder anderen Kind gekommen seien. Dies hören wir von all den Frauen, die trotz aller Verhütung immer wieder schwanger werden. Sie konnten trotz „besseren“ Wissens einfach nichts dagegen tun. Sogar eine Studie der Universität Heidelberg besagt, dass unter ihren Kinderwunschfrauen diejenigen eher ein Kind bekommen, deren Zyklus unregelmäßig war.

Manchmal kommt es mir so vor, als wolle der Körper einfach mal so richtig „ausholen“, um auch seinem Drang zur Fortpflanzung nachzugeben. So kenne ich etliche Frauen, die ihre Kinder in den Armen halten, obwohl sie nur ein- oder zweimal im Jahr menstruierten. Der einzige Nachteil – sagen sie – sei, dass sie, als sie endlich ihren positiven Schwangerschaftstest in den Händen hielten, halt nicht gleich wussten, wie weit sie in ihren Schwangerschaften bereits fortgeschritten waren.

Ich hoffe sehr, dass es uns nun schon ein ganz klein wenig möglich ist, unseren wundervollen Bauch ins Spiel zu holen, und ihn von nun ab und für immer in unserem Kinderwunsch mitwirken zu lassen. Die Natur ist also doch intelligent, intelligenter vielleicht, als wir. Sie ist es, die unseren Zyklus tanzen lässt. Anstatt hier nun schon wieder einzuschreiten, könnten wir uns also genüsslich zurücklehnen und uns sagen: Na prima, schon wieder eine mehr im Team.

Passen wir also gut auf, dass wir unsere Joker nicht an der falschen Stelle ausspielen. Ein tanzender Zyklus ist nicht unser Widersacher. Im Gegenteil, er spielt uns in die Hände. Wie schade, wenn wir hier der Versuchung unterliegen sollten, einen perfekten Zyklus haben zu wollen.......

Wie viele Rätsel geben die Temperaturkurven der Kinderwunschfrauen den Ärzten heute auf? Und wie viele Fehldiagnosen bekommen so unter Umständen Frauen mitten ins Herz geschleudert? Dabei würde doch alles viel gesünder bleiben, wenn man mit der Kontrolle gar nicht erst anfinge.

Was kontrollieren wir denn noch alles so gerne? Ach ja, unsere Hormone.

Die guten Hormone. Ich verrate euch etwas: Unsere Hormone unterliegen immer auch unseren Gefühlen. Im Rückschluss verändern sich unsere Hormone immer auch dann, wenn wir in und an unseren Gefühlen arbeiten. (Wie man das macht, das erkläre ich später). Da Hormone auch immer auf Gefühle wirken, finden wir hier einen geschlossenen Kreislauf. Auf ihn kann man nicht nur hormonell, sondern auch emotional einwirken.

Denkt da zum Beispiel an das Hormon Adrenalin. Es wird spontan auf eine Gefühlsregung, nämlich Angst und Stress ausgeschüttet. Denkt an unsere Schilddrüsenhormone. Haben wir Stress, schreiben wir zum Beispiel Klausuren, dann schwillt die Schilddrüse an, produziert mehr Hormone, bis eine ganze Zeit lang nach dem Ende unserer Stress-Situation.

Trauern wir, dann „verordnet" unsere Schilddrüse etwas Ruhe und regelt dies hormonell. Interessanterweise gehen in der Trauer die Schilddrüsenhormone für etwas 12 Monate herunter – was ja so traditionell etwa unserem „Trauerjahr" entspricht. Wie intelligent unser Körper doch ist! Sogar in der Schwangerschaft werden wir hormonell etwas ruhiger gestellt.

Da macht es doch durchaus Sinn, zunächst die Beweg- und Hintergründe des Körpers verstehen zu wollen, als ihn schlichtweg hormonell zu korrigieren.

Kommen wir zurück zu Robin Baker:

Auch die Spermienqualität unserer Männer passt sich pausenlos an seine Lebensumstände an. So zeigte Baker auf, dass der Mann evolutionär bestrebt ist, seine Partnerin dauerhaft zu begatten. Verreist eine Partnerein einmal für einige Tage, ist diese seine evolutionäre Motivation nicht mehr gewährleistet. Und er wird versuchen dies nachzuholen. Nicht nur, dass die Lust größer wird, auch das Spermiogramm verändert sich ganz gravierend.

Letztendlich beschreibt Baker so viele Zusammenhänge und Wirkungsmechanismen auf das Spermiogramm, dass der Leser einfach nur zu einem Ergebnis kommen kann: Es ist sinnlos, sich hier irgendwie einmischen zu wollen.

So gesellt sich nun zu „unseren" Bäuchen auch der Bauch des Mannes, und das fühlt sich doch schon viel, viel kompletter und richtiger an, nicht wahr?

Unser Gefühl wird uns ebenfalls immer hilfreich sein, ebenso, wie unsere Lust. In einem freien Zyklus sind unsere Chancen, die inneren Fortpflanzungsignale auch wirklich wahrzunehmen, erheblich größer, als in einem kontrollierten Zyklus.

Und da wir schon einmal dabei sind, unsere Pferde zu versammeln, all die Dinge zusammenzuklauben, die unserem Wunsch, schließlich guter Hoffnung zu werden, zuträglich sind, möchte ich uns gerne noch einmal auf unsere Sehnsucht einstimmen. Das Geschenk unserer Mütter war eben diese tiefe, uralte Sehnsucht. Eine Sehnsucht – wonach denn nur?

Es ist die Sehnsucht nach Mutterschaft, die Sehnsucht nach unseren Kindern. Bei Kinderwunschfrauen ohne festen Partner mag noch die Sehnsucht zu genau diesem hinzukommen. Die Erfahrungen mit meinen homosexuellen Kinderwunschfrauen zeigt uns aber sehr deutlich, dass es in der Hauptsache das Kind selbst ist, und nach einem gemeinsamen Leben mit ihm, nach dem wir uns sehnen.

Vielleicht ist dies ein schöner Moment, um sich einmal vorzustellen, wie denn, genau jetzt, unsere zukünftigen Kinder denken und fühlen. In zahlreichen Therapieformen kennen wir die pränatale Psychologie, und es gibt einige unter ihnen, welche die frühen, zurücklegenden Gefühle und Kindheitserlebnisse nicht nur bis in die Zeit unseres Erlebens in unserem Mutterleib zurückverfolgen, sondern auch durchaus bis zu der Zeit vor der Empfängnis zurückgehen.

Hier erlebe ich immer wieder, wie wundervoll der Kontakt einer Mutter zu ihrem noch nicht empfangenen Wunschkind sein kann. Jeder Hypnosetherapeut wird mir dies bestätigen; jeder, der einmal eine systemische Kinderwunschaufstellung miterleben durfte, der wird dies bestätigen. Auch schon in Traumreisen kann dieser Kontakt hergestellt werden. Meine englischen Kollegen arbeiten schon seit Jahren mit dem Babytalk. Hierbei können Eltern in tiefer Entspannung mit ihrem ungeborenen Kind sprechen, dies ist dort Bestandteil der Geburtsvorbereitung. Es ist nur ein winzig kleiner

Schritt weiter, um diesen Kontakt auch schon vor der Empfängnis herzustellen.

Tatsächlich kann man die „noch nicht empfangenen" Kinder zu allem Möglichen befragen. Sie antworten immer, wenn auch nicht immer so, wie wir es vielleicht gerne hätten.

Ich möchte euch hier eine Art Hypnosemitschnitt einer jungen Mutter vorstellen, einer jungen Kinderwunschmutter, die zwischen all ihren Zweifeln und Ängsten und Kontrollen einfach beschloss, ihr zukünftiges Kind zu ihrem Kinderwunsch zu befragen. Ich finde ihn wundervoll. Das Kind mag anfangs etwas streng zu seiner Mutter sein, aber es trifft in allen Dingen den Nagel so richtig auf den Kopf. Dies ändert sich aber schnell. Und es berührt mich zutiefst, wie viel Wissen, Selbstbewusstsein und vor allem „Gute Hoffnung" in diesen zauberhaften Zeilen steckt:

Also, wer mag: bitte Kopf ausschalten. Und: Herzenstürchen auf!

ICH bin dein Kind

Ich bin dein Kind
„Ich bin der Zweifel.
Ich bin der Zweifel, der steht, für:
Ich rauche
Ich trinke
Ich bin nicht perfekt
Ich bin älter
Ich bin unzulänglich
Ich bin launisch
Ich weiß nicht, ob ich so viel von mir hergeben kann und will und soll
Ich weiß nicht, ob ich die Generationslinie durcheinanderbringen darf.
Ich weiß nicht, ob eine Schwangere nicht jünger und naiver sein sollte.

Ich frage mich, ob ich eine gute Mutter sein kann
Ich frage mich, ob ich als Mutter noch eine gute Frau sein kann
Ich habe Angst, mein ganzes Leben damit durcheinander zubringen.
Ich habe Angst vor der Zeit
Ich habe Angst vor der Welt
Ich habe Angst vor mir
Also habe ich Angst vor dir."

(Pause)

„Ich bin dein Kind
Ich verlange nichts von dir
Es gibt keine Rabenkinder
Also gibt es auch keine Rabenmütter
Ich kenne den Zweifel!
Ich kenne das Fragezeichen
Und ich kenne die Angst
Seit allem Anbeginn.
Sie haben mir noch nie im Wege gestanden.
Immer nur dir.
Ich wollte nie zur Angst
Wollte nie zum Zweifel
Ich wollte immer nur zu dir.
Ich will zu dir.
Ich will, dass du mich siehst.
Ich will in deinem Armen liegen
Ich will dich zu meiner Mutter machen
Ich will dass du mich jetzt spürst,
mich riechst,
ich will, dass du mich rein lässt
Schau, wie dein Herzenstürchen aufgeht.
Stück für Stück.

Ich will an deinem Herzen liegen.
Ich weiß,
es wird sein, wie es immer war.
Ich weiß,
dass ich einfach nur ein Kind bin
nicht mehr nicht weniger
nicht zu früh
nicht zu spät
sondern jetzt.
Ich kenne die Mutter in dir.
Und ich kenne meinen Vater.
Ihr seid das, wo hin ich (ge-)höre.
Denn ich bin nur ich
Und du einfach nur du.
Ich stelle keine Bedingungen.
An nichts und niemand.
Nicht an mich, nicht an dich.
Die Zeit steht immer hier und jetzt
Und ich bin hier und jetzt.
Die Zeit ist gut.
Du bist gut.
Ich bin gut.
Alles ist gut."

Es kann also auch ganz leicht sein. Und wir haben einen ersten kleinen Eindruck davon bekommen, wie viel deutlicher wir unsere Gefühle wieder wahrnehmen können, wenn wir die Kontrolle einmal ein wenig zur Seite treten lassen. Schließlich ist es ja der Kontrollmechanismus unseres Kopfes, der uns da einen Vogel zeigen will und ruft: „Mit dem Wunschkind reden, was für ein Blödsinn!". Wenn wir es aber zulassen, dann reden unsere Gefühle mit. Und wir lesen diese Zeilen nicht nur mehr mit unserem Kopf, sondern gleichwohl mit unserem Herzen. Dies verfügt über eine weitere Möglichkeit der Kommunikationsform. Und so erklärt es sich, dass wir mit jedem Satz, jedem Absatz, den wir Wort für Wort lesen, wir zwischen den Zeilen auch immer die verschiedensten Gefühle mitlesen. Liebe Frauen, lasst es zu, und genießt es, es ist nicht nur eine wunderschöne Vorstellung, es ist auch heilsam, denn unsere Hormonwelt unterliegt der Gefühlswelt. Lassen wir uns also gerne ein auf vollkommen neue Gefilde. Lernen wir, genauer hinzuhören.

Wenn wir wieder lernen, hinzuhören, dann meldet sich schon jetzt hier und da unsere Zuversicht, und das, obwohl wir ihr erst später noch richtig zuarbeiten werden. In diesem einen kleinen Augenblick nur, da wir es wagen, unsere Kontrolle ein kleines Stück zurückzunehmen, da nehmen wir auch wieder eine ganz andere Qualität an Gefühlen in uns auf.

Die Dinge in unserem Leben, die wir ausschließlich mit unserem Kopf angehen, unterliegen seiner Kontrolle, und damit auch unserer Kontrolle. Wann immer wir dies tun, ist es als wollten wir die Welt durch ein Fernglas betrachten, welches auf einer Seite blind ist. Was wir dann nicht sehen können, sind unsere Gefühle und zumeist auch unser ganzer situativer Kontext. Damit meine ich Lebensbedingungen, zum Beispiel unsere Umgebung, unser soziales Umfeld, all diese Dinge.

Folgen einer zu großen Kontrolle

„Was ist denn so schlimm daran", werdet ihr mich fragen, „wenn der Kopf die Kontrolle in meinem Kinderwunsch übernimmt, das tut er in anderen Lebensbereichen doch auch, und damit bin ich bisher sehr gut gefahren."

Es ist in vielen Situationen ganz wichtig, dass wir die Kontrolle über sie behalten, und dazu brauchen wir unseren Kopf. Im Kinderwunsch sind wir bisher allerdings nicht so gut damit gefahren. Zum Empfangen benötigen wir unseren Bauch in all seiner Kraft. Unserem Bauch für eine gewisse Zeit oder für gewisse Situationen die „Regie" zu überlassen, das fällt uns umso schwerer, je kopflastiger wir sind und je länger es her sein mag, dass unser Bauch noch ordentlich mitregieren durfte.

Jetzt ist es an der Zeit, uns für unsere Bäuche zu sensibilisieren, denn ein zu „dicker Kopf", eine zu starke Kontrolle, entfernt uns im Kinderwunsch von unserem Ziel und der Kinderwunsch gerät aus seinem eigentlichen Zusammenhang. Ich weiß, wie schwer das so manch einer Frau fällt, ich werde mich also bemühen, in dieses Thema etwas mehr Verständnis, Motivation und Unterstützung zu geben.

Während meiner Seminare bitte ich die Teilnehmer, ein Seelenbild zu malen, ein Seelenbild der eigenen Situation im Kinderwunsch. Diese Bilder liebe ich so sehr, zeigen sie doch in anscheinend wenigen Pinselstrichen, wie es in unserem Innern aussieht.

Es ist immer wieder ganz erstaunlich, wie sehr sich das Seelenbild ändert, nach nur einem Tag Arbeit an den Gefühlen.

Was die Kontrolle aus uns macht, das kann man auch hieran ganz wunderbar erkennen, auch als Laie. Bitte schaut euch hier das Kinderwunschbild einer jungen Frau an. Das ihres Mannes setze ich rechts daneben.

Familie ohne Vater

(Doris malt ihren Kinderwunsch)

(Doris′ Partner hängt in der Luft)

Doris malt sich ganz einfach ihr Kind an die Hand – und gelöst scheint das Problem.

Außer ein Paar Grassoden finden wir nichts weiter im situativen Kontext, Mutter und Kind haben also noch keinerlei Gefüge. Allein das „Ziel“ ist ordentlich festgehalten. Der Kindsvater fehlt.

Doris` Partner Henry hängt hier im wahrsten Sinne des Wortes noch vollkommen in der Luft.

Weder hat er Boden unter den Füßen, noch irgend einen anderen Halt. Eine Ahnung allenfalls, denn er übernimmt die Farbe rot, welche die Mutter für ihren Oberkörper verwendete, und auch für den ihres Kindes einfach irgendwo oben links in die Ecke. Und das Blau, das den Unterleib der Frau – aus ihrer Sicht –ausmacht, malt er gemeinsam mit dem Grün (Rock der Tochter) weit unter sich. Dennoch schwebt er.

Henry befindet sich auf dem Bild gänzlich allein. Dies kann uns passieren, zwischen Zyklusmonitoring und Spermiogrammen. Geben wir also bitte Acht, dass wir uns als zukünftige Eltern – bitte sehr! – nie wieder so aus den Augen verlieren.

Das gleiche Paar malt einen Tag später:

(Doris Kinderwunsch im gesunden Zusammenhang)

(Doris´ Partner hält das Ruder in der Hand)

Beide Partner verfügen nun über einen angemessenen Kontext. Farben und Motive sind sehr gesund, es kommen etliche Fruchtbarkeitssymbole vor. Einzig traurig macht, dass die Familie zu diesem Zeitpunkt offenbar noch nicht zusammengefunden hat. Noch immer befinden sich Mutter und Kind auf dem einen Bild und der Vater ist allein in seinen fruchtbaren Gewässern. Schön ist, dass nun offenbar beide auf das gleiche schauen können.

Gewiss, ich könnte stundenlang über alle Seelenbilder schreiben. Es ist aber hier und jetzt durchaus so gewollt, die Bedeutung nur kurz anzureißen, damit ich euch einen kleinen emotionalen Eindruck vermitteln kann. Lasst also die Bilder gerne nur einfach auf euch wirken, und schaut, welche Emotionen sie anklingen lassen.

Frau ohne Unterleib

Oh, ja das hatten wir doch schon eingangs. Unsere Zurückgezogenheit und – gleichbedeutend hiermit, unseren zurückgezogenen Bauch. Wenn nun also die eine oder andere feststellen sollte, dass auch ihr dies passiert ist, dann möchte ich augenblicklich trösten und sagen: Damit bist du ganz und gar nicht alleine. Fast jede Frau tappt in diese Kinderwunschfalle.

Und kann dann, sobald sie den Patzer erkennt, da auch ganz schnell wieder herausgelangen.

Schauen wir uns also die Bilder von Sabine an.

(Sabine – Frau ohne Unterleib)

(Sabine baut Brücken)

Das linke Bild ist das erste, das rechte Bild ist das zweite, es wurde einen Seminartag später gemalt.

Einen Unterleib sehen wir zunächst gar nicht – also wird er, den Kinderwunsch betreffend auch nicht wahrgenommen. Stattdessen finden wir Kontrolle und „Alles in den Händen halten“, also ganz ähnlich wie bei Doris. In diesen Händen hält sie Mann und Kind, der schraffierte Hintergrund verrät, dass es da noch mehr gibt, was noch im Verborgenen liegt. Dinge, die nicht mehr auf ein Bild passen, und so in irgendeiner Form verletzt sind, von denen sagt man, sie seien auch im realen Leben verletzt. Es ist wirklich selten, dass sich eine solche Verletzung nicht, wie sonst, am Rande der Perspektive befindet, sondern, einem Riss durch die eigene Persönlichkeit gleich, durch die betreffende Frau selbst hindurchgeht.

Um wie viel schöner schaut sich das zweite Bild an, nur einen Tag später gemalt. Wir finden hier Kopf-Herz und Bauch wohlverteilt über das ganze Blatt. Sabine hat sogar noch Leitern (oder Brücken?) gemalt, um die jeweiligen Ebenen zu verbinden.

Welch eine gut funktionierende innere Weisheit und wie bemerkenswert, denn von der Balance Kopf-Herz-Bauch hatte ich zu dem damaligen Zeitpunkt noch gar nicht gesprochen.

Wenn ich euch jetzt also das sage, was ich eigentlich sagen möchte, dann habe ich dies nun hoffentlich ausgiebig genug eingeleitet, sodass ihr es nun besser für euch nehmen könnt.

Beachten wir also:

> *Je ehrgeiziger und erfolgreicher eine Frau in der beruflichen Karriere ist, desto eher wird sie versuchen, ihren Weg zum Kind mit den gleichen Mechanismen zu „erarbeiten".*

Jeder Erfolgsdruck führt hier aber zwangsläufig zu regelmäßiger Frustration, und diese wiederum entfernt uns von unserer Fähigkeit, uns dem Leben hinzugeben, welches wir eines Tages spenden wollen.

Mit unserem Erfolgsdenken aber geraten wir immens unter Druck und Zeitdruck und damit kommen wir in den Machbarkeitswahn, den Zyklusperfektionismus.

Erfolgsfrauen unterliegen auch viel eher der Ungeduld. Diese kann sich bis zu einem tatsächlichen Kinderwunsch-Burn-Out steigern.

> *Je größer ein Kinderwunsch ist, desto größer ist die Opferbereitschaft der Eltern.*

Denkt nur an all die Arzneien, Diagnose- und Therapieverfahren. Ich kenne eine Zeit, da nahmen die Frauen sogar täglich Hustensaft ein, nur aufgrund der Aussicht, dass sich dadurch die Qualität des Cervixschleimes verbessern würde. Sind wir tatsächlich bereit, unsere Liebe, unsere Lust *und* unsere Gesundheit zu opfern, und das, obwohl wir doch genau ebendiese später einmal unseren Kindern schenken wollten?

> *Je älter ein Kinderwunsch ist, desto größer ist die Gefahr der emotionalen Abwärtsspirale.*

Unsere Achterbahn der Gefühle, welche wir gezwungen sind Tag für Tag, Monat für Monat zu fahren, wird von alleine nicht mehr besser werden, es sei denn, wir verändern ganz entscheidend unsere Denk- und Vorgangsweise.

Frauen mit langem, unerfülltem Kinderwunsch befinden sich in einem Zustand tiefer Trauer, die auf die gleiche Weise therapeutisch begriffen sein will und begleitet werden muss, wie wir es bei Frauen mit Verlusten und Schicksalsereignissen zu tun pflegen.

Gefühle reagieren systemisch.

Das bedeutet, dass sich unser Kontrollverhalten dann auch leicht in andere Lebensbereiche einschleichen kann.

Vegetarismus, Antialkoholismus, allerlei merkwürdige aber immer märtyrerische Angewohnheiten kommen hier aufs Lebenstrapez. Gemeinsam haben sie alle, dass wir uns irgend etwas „wegnehmen" in der heimlichen Hoffnung, dafür dann irgendwann mal mit einem Baby belohnt zu werden.

Manche Frauen verbieten ihren Männern das Rauchen (oder andere „männliche" Vergnügungen), andere verbieten sich selbst gewisse Vergnügungen, wie zum Beispiel das Gläschen Sekt zu Silvester, denn sie könnten ja bereits schwanger sein, ohne es zu wissen. Ja sogar die Urlaubsplanung wird schwierig, weil man ja nie weiß, ob man bis dahin schon schwanger ist.

Halten wir doch einfach fest, dass kinderreiche Familien immer ein Stück weit in einem herrlichen Chaos leben. Da ist nichts mehr so gut planbar oder kontrollierbar. Wenn wir also gerne Kinder haben möchten, dann kann es nur ganz praktisch sein, wenn wir uns schon jetzt ein wenig auf ein herzenswarmes Familienchaos freuen und einrichten.

Und vielleicht mögen wir das ja in unserer Vorstellung schon einmal probieren, wie das sein wird, wenn endlich kleine Patschhändchen – Abdrücke auf der Spiegelwand sind, die wir heutzutage noch immer täglich putzen. Später werden wir sie lieben, diese kleinen Beweise unseres Mutterseins.

Und noch viel später, wenn unsere Kinder dann in ihr eigenes Leben hinausziehen, da werden wir sie schon wieder ganz herzlich und fürchterlich vermissen und kaum loslassen wollen.

Innerhalb unseres Kontrollverhaltens entstehen verschiedene Ängste.

Manchmal ist es die Angst vor dem Kind selbst.

Zumeist aber sind dies eine Vielzahl von Ängsten, darüber werden wir sehr bald sprechen.

Kontrollverhalten erhöht die Gefahr für einen Babyneid.

Unser Bauch, unser Gefühl sagt uns: Wir empfangen unsere Kinder.

Unser Kopf aber sagt: Ich habe ein Kind verdient! Wenn wir unserem Kopf hier zu viel Gewicht geben, kann es sein, dass wir anfangen, uns zu fragen, wer alles ein Kind verdient, wer nicht, wer schon längst dran wäre, Mutter zu werden, wer nicht. Der Kopf denkt immer ein wenig hierarchisch, er kann gar nicht anders, als Logik und Fakten einzubringen in die Frage aller Fragen. Und ehe wir es uns versehen, hat er eine kleine Babyolympiade eröffnet.

Am Ende verlieren wir selbst, denn innerhalb dieser Gedankengänge reduzieren wir uns zu ewigen Teilnehmern ohne Medaille.

Abschied von der Kontrolle

Ich weiß genau, welch ein Wagnis, welch ein Abenteuer es manchmal sein kann, die Kontrolle aufzugeben. Zu lange und in all zu vielen Lebensbereichen bedeutete die Kontrolle über unser Leben auch eine gehörige Portion Sicherheit. Das soll auch so bleiben, das verspreche ich euch. Es gibt eben nur einige Bereiche, in denen ist die Kontrolle eher störend. Also lasst uns versuchen, hier einen goldenen Weg in der Mitte zu finden. Kontrolle passt eher in das, was die Gesellschaft uns abverlangt. In den privaten und emotionalen Dingen aber, ist das ganz anders, denn hier wird die Lebensqualität gleich viel größer, wenn wir es schaffen können, uns eher unseren Gefühlen als unseren Zwängen hinzugeben.

Damit meine ich nicht nur Gefühle wie Lust und Liebe. Damit meine ich zum Beispiel auch unsere Lebenshaltung an sich. Ich meine, wem geht es schon gut dabei, jeden zweiten Tag den Hauseingang zu fegen, ohne die richtige Lust dazu zu verspüren. Für wen tun wir so etwas? Und wofür? Haben wir vielleicht Angst davor, jemand könnte denken – oder wissen, dass wir Frauen sind, die ihren Hauseingang nicht jeden zweiten Tag fegen? Was wäre denn schon dabei?

Haben wir vielleicht Angst, Morgens ohne zu Duschen und ohne die Zähne geputzt zu haben, zum Bäcker zu gehen, nur weil jemand der uns begegnet, uns riecht, dann denken könnte: die hat sich noch nicht geduscht, und sich die Zähne noch nicht geputzt?

Warum sagen wir uns nicht, wenn ich hier und heute *so* zum Bäcker gehe, dann wissen alle, dass ich heute wunderbar lange ausgeschlafen habe, ausgiebig mit meinem Mann gekuschelt habe und nun hol ich Brötchen, damit wir auch noch im Bett frühstücken können?

Warum sagen wir nicht unserem Chef, dass wir zu spät kommen, weil es heute morgen so ganz schwer war, aufzustehen? Warum sagen wir unserem Besuch nicht ehrlich, dass wir heute nicht so große Lust auf Besuch haben, weil wir mal einfach richtig faul sein wollen?

Weil wir uns das nicht immer trauen.

Ja, wir mogeln sogar, bei manch einer Begrüßung, wenn wir gefragt werden, wie es uns denn geht, und dann antworten: Danke, gut! Das ist unsere Gesellschaft. Man sagt einfach nicht, danke schlecht, oder Danke, durchwachsen, oder: willst du die kurze oder die lange Antwort haben. Nein, wir sagen vermutlich: „Danke gut".

Hören wir doch auf damit. Nicht gleich komplett und überall, nein nur für uns, heimlich vielleicht am Anfang, um dieses Gefühl einmal auszuprobieren, das sich einstellt, wenn wir „böse" Mädchen werden, und nicht mehr immer und alles tun, was wir glauben, dass es von uns verlangt oder erwartet würde.

Lasst uns ein Bild aufbauen, ein Gefühlsbild. Lasst uns schauen, wie sich dies anfühlen würde.

Morgen früh gönnen wir uns zwei Schlummertasten mehr als sonst, gehen in die Küche, machen einen Cappuccino, gehen zurück ins Bett und genießen diese unsere erste Tasse für uns ganz allein. Dann stehen wir auf, heute duschen wir bei so richtig guter Musik, und lassen zur Krönung unsere Haare einmal offen. Wir ziehen statt der Jeans das Kostüm an, das wir für die letzte Familienfeier angeschafft hatten, so wird es wenigstens ein zweites Mal im Leben getragen, wir ziehen den verführerischsten Tanga an, der zwar eigentlich für unseren Mann bestimmt war, aber heute tragen wir ihn nur für uns allein.

Wir gehen aus dem Haus, und sehen die verschlossenen Gesichter der anderen Menschen, und beschließen, jedem von ihnen mit einem Lächeln zu begegnen, und staunen, wie viel Lächeln wir so auf wie viele Gesichter zaubern können. Heute nehmen wir einfach mal das Auto. Das sind wir uns wert, und wir kaufen uns ein Frühstück am nächsten Imbiss, wir lassen die Krümel vom Croissant getrost auf den Autositz rieseln, fahren einhändig. Weil wir beim Fahren noch die Kaffeetasse halten müssen, müssen wir schmunzeln, als der bei einer Bodenwelle auch noch etwas auf den Teppich kleckert.

So betreten wir das Büro etwa eine viertel Stunde zu spät, aber das interessiert hier eh niemanden außer uns. Unserem Chef sagen wir, wir hätten uns heute zwei Schlummertasten mehr gegönnt, dafür seien wir jetzt aber fit wie ein Turnschuh.

Wir nehmen ein Blatt Papier, schreiben mit Lippenstift „Bitte Lächeln" drauf, kleben es mitten an unsere Bürotür, ganz genau in Augenhöhe der eintretenden Personen, und beschließen insgeheim, eine Liste anzufertigen, wie viele Personen heute tatsächlich mit einem Lächeln in unser Büro kommen, welche aber nicht. In Wahrheit ist heute eher diese Liste unser Arbeitsmittelpunkt als die Arbeit an sich, und dennoch geht uns beides spielend von der Hand.

Das Lächeln der eintretenden Personen überwiegt tatsächlich und vor allem: es scheint ansteckend zu sein. Ich habe die Erfahrung gemacht: Lächeln ist ansteckend! Fast immer. Wie im Fluge vergeht unser Arbeitstag, und während wir per Handy aus dem Auto den Pizzadienst rufen, weil wir heute nicht so recht Lust aufs Kochen haben, merken wir, dass uns das Lächeln immer noch im Gesicht steht.

Wir parken das Auto ganz unmöglich schief und weit weg vom Bordstein ein, das dürfen wir, weil wir Frauen sind, gehen ins Haus, verschieben es auf Morgen, den Briefkasten zu öffnen, unsere Pumps fliegen im hohen Bogen durch den Flur und bleiben dort liegen. Dafür war der Pizzamann schon da, und unser Göttergatte hat die ganze Lieferung samt einer Kerze und zwei Gläsern Rotwein auf dem Tisch angerichtet.

Wir springen noch kurz in den Jogginganzug, befreien uns vom BH, und während wir mit den Fingern die ersten Salatblätter vom Tisch mopsen, erzählen wir von unserer lustigen Liste – noch immer mit einem Lächeln im Gesicht.

Und zwischen Pumps und Jogginganzug rufen wir noch unsere Schwiegermutter an, um ihr zu sagen, dass wir ihren Besuch heute leider absagen müssen, denn heute ist ein fröhlicher Tag für uns und unseren Mann.......

Sein wir doch mal ehrlich. Wie lange ist das her, dass wir so locker waren, so gut eine goldene Mitte herstellen konnten zwischen gesellschaftlichem und privatem Leben. Wie viel „Wenns" und „Abers" gehen uns durch den Kopf, während wir ein solches Bild in uns aufbauen. Wie viele Dinge glauben wir, uns nicht trauen zu können?

Ich hoffe, ich habe aufgezeigt, dass wir nicht gleich zu Revoluzzerinnen mutieren müssen oder sollen, sondern viel mehr, dass es innerhalb aller Konventionen und Normen und Verpflichtungen immer noch einen gehörigen Freiraum gibt, den wir im Laufe der Jahre irgendwie vergessen hatten. Diese Freiräume sind es, die wir zuerst erobern können, das ist gefahrlos, und es kann wirklich riesigen Spaß machen. Es ist wie ein kleines Geheimnis am Anfang. Und es kann uns schmunzeln lassen. Ganz privat, für uns allein. Wir können also nach außen und in der Gesellschaft „funktionieren", ohne dabei unsere eigenen Freiräume zu räumen.

Lasst es uns ein Spielchen sein, ein kleiner Schabernack, in kleinen Details mit unserer inneren Veränderung zu beginnen, denn es ist so: alles, was wir tun, tun wir generell. Wenn wir also hier oder da unseren Gefühlen ein klein wenig mehr Freiraum lassen, dann wird unser Gefühl insgesamt auch geräumiger werden. Es tritt aus dem Hintergrund hervor, in welchen wir es verbannt hatten, und wird unser kleines Experiment voll und ganz unterstützen.

Das erinnert uns dann an verdörrten, ausgetrockneten Boden, der plötzlich Wasser bekommt, und alles, was in ihm gespeichert war, kommt sofort wieder in ein volles Wachstum und zur vollen Blüte. Wie die Rose von Jericho, eine Pflanze, die bei Trockenheit ihre Äste und Hüllblätter nach innen rollt und bei Feuchtigkeit wieder öffnet, so können auch wir unsere emotionale Schönheit und unser gesamtes Potential wieder abrufen und zur vollen Entfaltung bringen, wenn wir es nur wieder ein ganz klein wenig sponsern.

Alles, was wir mit unseren Gefühlen tun, das wird richtiger sein für uns und unseren Lebensweg, als das, was wir ohne sie tun, als das, was ausschließlich vom Kopf gesteuert sein mag. Wieder versteht ihr hoffentlich, was ich mit der goldenen Mitte meine. Der Kopf ist nicht unser Feind, er ist nur zu vordergründig, weil wir anderes in uns vernachlässigt haben.

Das lassen wir ab sofort in dieser Form nie wieder zu. Natürlich kann nicht jeder Tag so schön und so vollkommen sein, wie der, den wir uns gerade vorgestellt haben. Aber jeder Tag kann einen Hauch des Zaubers eines solchen Tages haben. Das liegt ganz allein bei uns. Wir haben Ideen, wir sind jede auf unsere Art kreativ, also wird es ganz leicht gehen, wie von selbst.

Ich verdonnere euch hier ja nicht zu irgendwas, was ihr nicht wollt. Mag sein, es könnte an der einen oder anderen Stelle Zweifel geben ob der Durchführbarkeit, aber im Grunde unserer Herzen wissen wir, dass auch wir unseren Alltag beleben können. Beleben können wir immer nur, in dem wir das, was wir tun, auf sinnliche Weise tun, das bedeutet: durch unsere Emotionen gestärkt. Das ist Lebendigsein.

Selbst ein Putzanfall kann etwas ganz Spaßiges sein, wenn wir dazu Lust haben: Die Stereoanlage am Lautstärkeanschlag mit unserer Lieblings-CD auf „repeat“ stellen, zwei Stunden lang das gleiche Lied dudeln lassen und dann vor Freude den Besenstil als Mikrofonständer missbrauchen und uns dabei so schön vorkommen, dass wir den gerade neu erlernten Hüftschwung immer wieder im nächstbesten Spiegel anschauen müssen. Das klingt doch, das fühlt sich doch ganz anders an, als: „Ostern steht vor der Tür, ich muss Frühjahrsputz machen.“ Es macht sich auch ganz anders.

Wir haben also die Wahl. Es ist nicht schlimm, wenn der Staub sich ein wenig sammelt. Da sind wir ganz auf der sicheren Seite. Denn wann immer wir den Staub sehen, werden wir uns sagen: „Es ist ein Putzanfall angesagt“. Solange und so oft wir uns das sagen, stellt sich unser Unterbewusstsein darauf ein, es mag sein, dass eine solche Vorbereitung noch aus ganz anderen, eigentlich unvorstellbaren Quellen unterstützt wird. Hauptsache aber ist: es funktioniert. Sehr bald wird der Putzanfall kommen, und zwar einer von der guten Sorte.

Was hat das alles nur mit meinem Kinderwunsch zu tun, werdet ihr mich jetzt fragen? Eine ganze Menge, sage ich euch, wirklich eine ganze Menge.

Wir empfangen unsere Kinder

Wir erarbeiten sie nicht, wir erhalten sie nicht durch Selbstdisziplin, nicht durch Diäten, nicht durch Arzneimittel, nicht mit dem Verstand, nicht mit dem Kontostand. Empfängnis ist eine passive Aktion. Alles, was man dazu lernen muss, ist, Dinge geschehen zu lassen, sich dem Leben hinzugeben. Kinder sind Geschenke unserer Natur.

Wir empfangen unsere Kinder in Liebe. Wir können also gar nicht genug Liebe haben für unsere Kinder. Um aber andere lieben zu können, müssen wir zunächst uns selbst lieben, dann lieben wir die anderen, und dann erst lieben all die anderen uns zurück. So ist das. Und nicht anders. Schön, dass hier die Chance der Veränderung direkt von uns aus geht. Das ist so, wie Rio Reiser sang: „Alles verändert sich, wenn du dich veränderst." Es ist wirklich genau so!

Wir empfangen unsere Kinder in unseren Bäuchen, nicht in unseren Köpfen. Das ist die Wahrheit, das weißt du in dem Augenblick, da du diese Zeilen hier liest. Das ist auch der Grund, weshalb ich nun bemüht bin, deinen wunderschönen Bauch zu stärken, in dem ich ihn einfach mal etwas mehr an den Mittelpunkt rücke. Für mich hast du den schönsten Bauch der Welt. In ihm sind deine Gefühle zu Hause, und in ihm wird eines Tages dein Baby wohnen. Also liebe deinen Bauch so, wie ich es jetzt schon tue.

Du bist diejenige, die für deinen Bauch verantwortlich ist. Du bist Würdenträgerin eines wirklich heiligen Raumes. Und auch für alles, was sich in ihm abspielt. Sei also nett zu ihm.

Bitte sei jetzt nicht traurig. Sei nicht wirklich traurig, falls du jetzt denkst, du hättest Schuld an deinem unerfülltem Kinderwunsch. Dies, was ich hier schreibe ist vollkommen frei von Vorwürfen oder Schuldzuweisungen. Ich möchte dich nur ein wenig aufrütteln, ein wenig lockern, ein wenig zur Besinnung bringen, damit das in Zukunft und am besten ab sofort sehr viel besser wird. Niemand ist dir böse, auch nicht dein Bauch, so sei also auch du es nicht jetzt. Es macht niemals Sinn nach hinten zu schauen, in die Vergangenheit. Wir schauen lieber nach vorne, in die Zukunft, die entsteht im Hier und Jetzt, und genau hier und jetzt ist der Zeitpunkt für neuere und bessere Vorsätze, Ideen und Handlungen.

Wir empfangen unsere Kinder zuerst in unseren Herzen. Um ihnen später unsere Herzen schenken zu können und all unsere Sehnsucht, und all das wunderbare Erbe, das darin wohnt. Deshalb ist es wichtig, dass wir auch immer wieder und allmählich immer mehr auch mit unseren Herzen sehen können.

Rütteln wir uns nur ein wenig auf, schütteln wir alles ein wenig, damit wir eine andere Sichtweise haben. Rütteln und schütteln wir, so wie es Frau Holle mit ihren großen kuscheligen Betten tat. Und die unsere Goldmarie dazu ermutigte, dies ebenfalls zu tun.

Unsere Goldmarie hat ein ganz sagenhaftes Talent, sie schaut niemals nach den „Wenns und Abers". Sie schaut mit dem Herzen. Goldmarie tut immer das, was gerade hier und jetzt eben zu tun ist. Sie denkt nicht weiter darüber nach, wo ihre Ziele sein mögen, sondern tut, was der Augenblick ihr gerade so anbietet. Sie rüttelt also und schüttelt.

Vielleicht schüttelt sie dabei auch sich selbst durch, und wird wieder weich und locker, flauschig und frisch. Sie ist so sehr bei der Sache, sie ist frei von jeder Schuld und frei von jeder Verantwortung. Welchen Ballast mag sie dabei wohl weggeschüttelt haben, welch eine Last war das wohl, die da einfach, wie von selbst von ihr ging?

Im Hier und Jetzt zu sein, das ist ihr Lebensprinzip. Sie ist nicht in den Brunnen gefallen, weil sie es eilig hatte, mit Gold überschüttet zu werden.

Davon hatte sie überhaupt keine Ahnung. Sie hat ein Lebensprinzip, welches vollkommen frei ist von Vorsätzen. Ach, wie beneidenswert! Manchmal wünschte ich, ich könnte das auch. Und vielleicht können wir das ja auch, wenigstens etwas.

Dann wären wir wie sie. Wir schüttelten die Betten, wenn wir finden, dass Betten geschüttelt werden sollen, und blieben dabei in bester Laune. Wir gingen fröhlich und zuversichtlich unseren Weg entlang.

Zuversichtlich sein, das hat immer auch etwas mit „Sehen" zu tun, mit „sichtig sein", das Können und Vermögen zu haben, all die schönen Dinge um uns herum wieder wirklich wahrzunehmen, sie zu sehen, und eine Beziehung zu ihnen aufzubauen und unseren Alltag damit zu verschönern. Das ist nämlich etwas ganz anders, als sich zu etwas verpflichtet zu fühlen. Und es ist immer auch der direkteste Weg zum Ziel, zum goldenen Tor.

Denken wir also gerne ab und zu mal an sie. An ihr besonderes Talent, ihre Lebensfreude und ihre unwissende Zielstrebigkeit. Erinnern wir uns, wie sie die Brote aus dem Ofen holt, wie sie den Apfelbaum schüttelt. Und wie sie am Ende wie von selbst am Ziel ihrer ungeahnten Träume angelangt.

Denken wir auch gerne an ihre Schwester, die genau das Gegenteil tat, die auch so gerne unter das goldene Tor wollte, doch auf ihrem Weg nichts mehr um sich herum wahrnehmen konnte, die keinen Bezug mehr hatte zu den Dingen, die in ihrem Leben gerade wichtig und wesentlich waren, und die so am Ende das Tor nicht wirklich finden konnte.

Seien wir also gerne wie die Goldmarie. Zaubern wir ein fröhliches Lächeln auf unsere Lippen, und warten wir auf die Dinge, die da auf uns zu kommen. Auf alle Dinge! Nicht nur auf unser Baby. Denn das kommt am Ende von selbst. Es ist unser golden Goal.

Alles liest sich jetzt schon ein wenig gelockerter, nicht wahr? Es ist auch einfacher, sich vorzustellen, den Frühjahresputz zu verlagern, weg vom Zwang, weg von der Kontrolle und hin zum fröhlichen Putzanfall und zu fliegenden Pumps. In den nicht angstbesetzten Themen fällt es uns leichter, die Kontrolle aufzugeben.

Aber, wisst ihr, was passiert, wenn ich einer Kinderwunschfrau zur Begrüßung vorschlage, sie möge mal ihr Thermometer in den Mülleimer werfen, und die Temperaturkontrolle aufgeben? Es macht „Peng“ und sie ist entweder umgefallen, oder sie bekommt Atemnot, oder ich muss in Deckung gehen.

Die Kontrolle im Kinderwunsch ist eben nicht nur einfach eine Kontrolle aus den gesellschaftlichen Angewohnheiten heraus. Sie ist darüber hinaus von der Angst gesponsert. Das ist Sklaverei im doppelten Sinne, also lasst uns mal schauen, wie wir uns nach und nach davon befreien.

Wisst ihr, manche Frauen können das Kontrollieren gleich sein lassen, andere wieder können es anfangs überhaupt nicht. Tut euch da keinen Zwang an. Ihr habt gehört, dass es nicht nur überflüssig ist, sondern dass es unserem Kinderwunsch und unserer Lebensqualität eher abträglich ist. Das soll genügen! Die Erfahrung zeigt hier ganz klar: Wir werden aufhören damit. Und das ist dann kein Sprung ins kalte Wasser, sondern es wird einfach so passieren. Eines Tages vergesst ihr das Thermometer, und dann vielleicht noch einmal an einem anderen Tag. An wiederum einem anderen Tag werdet ihr mit euren Männern schlafen, ohne zu wissen, an welchem Zyklustag ihr euch befindet. Dieses Vergessen der Kontrolle ist dann keine wirkliche Aufgabe, sondern es ist der Sieg des Freiheitsdranges. Frei zu sein macht Spaß und Lust. Und daran wird sich das Unterbewusstsein erinnern.

Quält euch also nicht ausgerechnet mit dieser Frage herum. Es wird von alleine passieren. Und es wird nicht wehtun. Ganz sicher nicht!

Babyneid und Ikea-Syndrom

Manche Frauen entwickeln innerhalb ihres eigenen Kinderwunsches einen regelrechten Babyneid. Hierauf möchte ich kurz eingehen: Ein Babyneid ist für die betroffenen Frauen eine sehr schmerzhafte Emotion. Ist er erst mal da, dann können sich die einfachsten Dinge dann manchmal als äußerst kompliziert erweisen.

Wie kann denn das sein, fragt man sich dann, dass ich mir selbst doch so sehr ein Baby wünsche, den anderen Frauen um mich herum aber so schlecht ihr Baby gönnen kann? Frauen, die einen Babyneid entwickeln sind weder gemein noch missgünstig. Ganz im Gegenteil. Sie schämen sich sehr für dieses unerwünschte Neidgefühl. Es geht ihnen schlecht damit. Und das möge euch ein wenig trösten. Sie sind in ihrer langen Kinderwunschzeit einfach so traurig geworden, dass die Trauer sich hier einen Weg bahnt. Babyneid ist immer ein Ausdruck unserer eigenen Trauer. Und die Trauer ist ein Ausdruck unserer Sehnsucht nach unseren Kindern.

Interessanterweise kommt der Begriff „Ikea-Syndrom" aus der Trauerarbeit in Monika Liebners Schmetterlingsforum. (Das findet ihr unter: www.schmetterlingskinder.de)

Hier teilen Frauen, deren Kinder kurz vor, während oder nach der Geburt starben, ihre Trauer und arbeiten auch gemeinsam an ihr.

Eines Tages beschrieb eine der Trauernden, dass sie beim Einkauf in dem bekannten schwedischen Möbelhaus so traurig wurde, dass sie auf der Stelle das Geschäft verlassen musste. Woran mag das liegen? Unser schwedisches Möbelhaus könnte sich vielleicht als eines der vorbildlichsten kinderfreundlichen Möbelhäuser bezeichnen. Jede werdende Mutter findet so etliches süße kleine Einrichtungsstück für ihren Nachwuchs. So finden wir hier viele Schwangere. Zur Krönung bekommt dort jeder Mensch unter 120 Zentimeter Körpergröße eine warme Mahlzeit ganz umsonst.

Auch die Gläschen für die Babys gibt es kostenlos, inklusive eines bereit gestellten Mikrowellengerätes und schnuckeligen kleinen Einmal-Lätzchen. All dies zusammen mit ansprechenden Spielecken für unsere Jüngsten mag dazu beitragen, dass um die Mittagszeit herum es nur so von Kindern, Schwangeren und kleinen Babys wimmelt. Ein Paradies für diese.

Und ein Albtraum für die Trauernden.

Kaum irgendwo anders können zwei Welten, zweierlei Lebensstationen so derart hart aufeinander treffen. Eine Frau, die kein Kind mehr hat, oder aber eine, die noch kein Kind hat, bekommt hier so richtig vor Augen gehalten, wonach sie sich selbst so sehr sehnt. Ein leeres Nest begegnet einem, das gerade eingerichtet wird.

Für Kinderwunschfrauen wird es dann noch einmal ganz besonders schlimm, wenn ihre Geschwister dann, oft offenbar ganz leicht, oder sogar „aus Versehen" zu Müttern werden, oder engere Freunde oder Arbeitskolleginnen, stolz und möglicherweise auch noch recht unsensibel für die betroffenen Frauen selbst dann ihre Babys präsentieren. Der Schmerz wird groß und deutlich. Und wir wissen jetzt: Er ist ein Ausdruck unserer tiefen Trauer.

Keine Frau, die einen Babyneid hat, und sei er auch noch so klein, schämt sich nicht dafür. Es ist verständlich, dass sie dieses Gefühl nicht zulassen möchte, also unterdrückt sie es. Und tappt ganz unbewusst schon in die nächste Falle: Ach, wüsste sie nur schon, dass unser Widerstand gegen unsere nicht so gemochten Gefühle diese immer noch größer werden lässt.

Auch hier muss ich einfach wieder darauf verweisen, dass ich die Handhabung unserer Gefühle, zum Beispiel durch die Emotionalkörpertherapie, später beschreiben werde. Hier und jetzt kann ich aber schon einiges über unsere Gefühle erklären:

Transformation der Gefühle

Es gibt zwei große Gefühle, das eine ist die Liebe, das andere ist die Angst. Sämtliche anderen Gefühle finden sich als der eine oder andere Ausdruck eines dieser beiden Gefühle wieder. Was wir tun können, ist, unsere Gefühle wahrnehmen, wie sie gerade sind, und sie dann verwandeln. Unter uns Therapeuten nennen wir diesen Vorgang Transformation. Allein, wenn wir aufhören, ein uns unangenehmes Gefühl zu unterdrücken, wird es schon ein wenig transformiert. Wir könnten uns auch mal die Mühe machen, „nett“ zu einem solchen Gefühl zu sein, wir könnten ihm in unseren inneren Bildern die Zügel frei geben. Dann werden wir sehen, dass es nicht in seinem Zustand bleiben wird. Es wird sich vielmehr verändern, und mit jeder Veränderung wird es zu einem qualitativ „besseren“ Gefühl werden.

Ich möchte dies einmal an dem Gefühl „Hass“ veranschaulichen:

Eine Freundin von mir ist Pianistin und erteilt Klavierunterricht. Eines Tages bemerkte sie, dass ihre Schülerin offenbar nicht so ganz bei der Sache war, sie hämmerte auf der Tastatur, anstatt sensibel darauf zu musizieren. Die Lehrerin erkannte schnell, dass es wenig Sinn machte, die Schülerin zur Sanftmut zu bewegen.

Statt dessen bat sie diese auf die Couch, und fragte sie, was denn los sei.

„Ich könnte meinen Vater umbringen“ sagte diese, offenbar hatte es unmittelbar vor dem Unterricht einen großen Streit zwischen Vater und Tochter gegeben.

Na gut, sagte also die Lehrerin, dann schließ mal die Augen, stell dir deinen Vater vor und bringe ihn um. Die Schülerin tat, wie geheißen. Als der Vater „tot“ war, bat die Lehrerin ihre Schülerin, sich den Vater nun noch einmal anzuschauen.

„Er ist wieder aufgestanden“, sagte das Mädchen. „Gut, dann schau dir doch jetzt noch einmal deine Gefühle an, und beschreibe sie mir". „Ich möchte ihn mal ordentlich verprügeln" sprach nun die Schülerin. „Na, dann tu das doch" erlaubte die Lehrerin. Und das Mädchen verprügelte in Gedanken ihren Vater.

Doch der stand wieder auf. Und sie wollte ihn mal ganz, ganz doll schütteln. Nachdem der Vater sich auch hiervon erholt hatte, wollte die Tochter ihn einmal so richtig nach Herzenslust anschreien. Das tat sie.

Anschließend genügte es ihr, ihm laut und deutlich ihre Meinung zu sagen.

In der nächsten Runde waren die beiden schon bei einem vernünftigen Gespräch. Und – egal, welche Gefühle sich auch meldeten, die kleine Schülerin ging Gefühl um Gefühl in die nächste neue Runde mit ihrem Vater.

Na, was glaubt ihr, was wohl die letzte Runde war? Es ist nicht schwer zu erraten: Sie fiel ihm in die schützenden Arme und konnte all ihre Liebe zu ihm endlich wieder spüren.

Wir nennen das Transformation der Gefühle. Erst wenn ich ein Gefühl nicht mehr einsperre, sondern ihm in irgendeiner Form Ausdruck verleihen kann, dann „verbessert" sich dieses Gefühl in ein neues Gefühl. Regelmäßig ist das dahinterliegende Gefühl immer ein besseres, als das oben liegende.

Wir konnten hier also sehen, dass sogar Hass eine Form der Liebe ist.

Auch Trauer ist es. Und im Prinzip auch die Angst. Aber die Angst ist ein so eigenes Thema, dass man sie gerne gesondert behandelt.

Wir können also eine Transformation unserer Gefühle erreichen, wenn wir sie in Liebe annehmen, sie uns erlauben (natürlich nur in einem angemessenen Rahmen, hierfür sind innere Bilder ganz wunderbar) und ihnen Ausdruck verleihen.

Immer dann, wenn wir dies tun, dann kommen wir der Liebe ein Stück näher. Und das nicht nur für uns selbst, sondern immer auch für alle Betroffenen. Das ist, als würde unsere innere Arbeit, auch zu ihnen gelangen.

Unser Vater aus der kleinen Geschichte jedenfalls öffnete seiner Tochter unmittelbar nach dem Klavierunterricht die Tür und schloss sie einfach in seine Arme – das hatte er wohl schon seit langer, langer Zeit nicht mehr getan. Offenbar reagiert sogar unsere Umgebung auf das Spiel mit den Emotionen tief in unserem Innern. Das ist zwar kaum mehr erklärbar, aber es ist meistens so. Und damit ihr euch später nicht darüber wundert, sage ich es hier halt so, wie es ist.

Wenn wir das Prinzip der Transformation nun verstanden haben, dann verstehen wir auch, weshalb der Babyneid nicht von alleine weggeht, und weshalb sogar eher die Gefahr besteht, dass er größer wird, wenn wir ihn ständig unterdrücken. So, wie ein Annehmen der Gefühle deren Qualität immer verbessert, sie transformiert, so werden sie umgekehrt durch Unterdrückung immer verschlechtert.

Lassen wir das also ab sofort mit der Unterdrückung sein. Schauen wir lieber, dass wir dieses unangenehme Gefühl transformieren.

Was könnte denn wohl das Gefühl hinter dem Babyneid sein? Es ist immer die Trauer. In den meisten Fällen die Trauer um unsere noch nicht erfüllte Sehnsucht. Wir helfen uns also nicht, wenn wir uns ob unserer Gefühle schämen. Vielleicht gehört sich das ein wenig so, das mag sein. Und unsere Scham mag auch gerne der Auslöser dafür sein, dass wir an uns arbeiten, sei es allein schon dafür, dass wir uns selbst wieder ausstehen können. Mit Unterdrückung tun wir dies aber niemals wieder, nicht wahr?

Stellen wir uns lieber noch mal unserem Babyneid in unseren inneren Bildern. Möglich, dass wir auf einer imaginären Familienfeier tatsächlich am liebsten unseren anscheinend undankbaren Schwestern ihr Baby einfach aus den Armen reißen.

Dann schauen wir sie uns einmal ohne ihr Kind an. Nehmen wir die Gelegenheit beim Schopfe, und lesen ihr mal ordentlich die Leviten! Schreien wir sie an: „Du bist eine Rabenmutter und du bist undankbar! Es gibt so viele Frauen auf der Welt, die wünschen sich so sehnlich ein Kind. Du! Du hast eines, und was tust du? Du weißt es nicht zu schätzen".

Vielleicht sind wir ja auch so derartig sauer, dass wir ihr eine Backpfeife verpassen. Oder?

Welches Gefühl würde da wohl in uns hochkommen, wenn wir das täten? Vermutlich würde es uns zuerst gut tun, dann aber würde es uns leid tun. Vermutlich wäre es, wie bei der kleinen Klavierschülerin. Wenn wir unsere Wut erst einmal entlassen haben, dann verändern sich unsere Gefühle, ihr wisst ja, sie transformieren sich. Und dann betrachten wir sie neu, unsere kleine Schwester, die ja hier auch für jede Freundin oder Arbeitskollegin stehen kann. Wir sehen, wie sie tränenüberströmt erklärt, dass sie ja auch nichts dafür kann, dass sie so einfach ein Kind bekommen hat. Und dass sie nicht geahnt hatte, welch eine große Verantwortung es ist, ein Kind großzuziehen. Und wir könnten ihre Angst verstehen, eine Rabenmutter zu sein. Dann würden wir sie trösten wollen, ihr erklären, dass jede Mutter eine gute Mutter ist, dass es keine Rabenmütter gibt, und dass sie das ja eigentlich sowieso alles ganz toll hinbekommt mit ihrem Baby. Wir würden ihr gestehen, dass wir selbst ja auch oft Angst hätten, einmal eine Rabenmutter zu sein. Wir könnten unsere Schwester, oder unsere Freundin wieder spüren, können alles spüren, was uns immer schon mit ihr verband, wir könnten sie wieder lieb haben.

Das schöne daran ist, so sind wir nicht nur unseren Babyneid losgeworden, sondern wir haben unsere Schwester wieder zurück. Sie und ihre Freundschaft, ihre Liebe zu uns, die brauchen wir in Wahrheit doch so sehr.

Bewusst und unterbewusst lernen wir so auch, dass wir kein anderes Kind haben möchten, außer unserem eigenen. Dass wir gar nicht neidisch sind auf unsere Schwester. Dass wir ihr alles gönnen, was immer sie auch mehr haben mag als wir selbst. Wir können erkennen, was für eine gute Mutter sie wirklich ist. Und wir haben erlebt, dass wir gar nicht neidisch sind, sondern nur sehr traurig.

Wenn wir den Neid in Angst oder Traurigkeit, oder sogar beides zusammen transformiert haben, dann sind wir zwar erst einmal weicher, aber auch ehrlicher. Wir haben uns dann schon einen ganz gehörigen ersten Schritt in unserer Gefühlswelt weiter bewegt. Mal durch unsere Sanduhrgrafik betrachtet, haben wir die Kontrolle verlassen, und uns hinbewegt zur Zuversicht, die in unseren Herzen wohnt.

Wir haben gelernt, dass Angst und Trauer Worte sind, die sich schlimm lesen mögen. Wenn wir aber gelernt haben, mit ihnen umzugehen, dann sind sie ganz schnell keine gruseligen Angelegenheiten mehr.

Wir haben auch gelernt, dass unsere Gefühle nicht so bleiben müssen, wie sie sind, und dass wir selbst es sind, die sie in Bewegung bringen können. Das macht uns gelassener. Die Angst vor unseren eigenen Gefühlen hat ihre Macht über uns verloren.

Und wir haben eine liebe Freundin zurückgewonnen, wir haben das Eis unserer Isolation ein wenig geschmolzen, wir gehen wieder gerne zu Familienfeiern, können wieder zufrieden in einem schwedischen Möbelhaus zu Mittag essen und haben somit ein gehöriges Stück Lebensqualität für uns zurückerobert.

Wir haben eine wunderschöne neue Spur im Schnee geschaffen. Eine vollkommen neue Abfahrt, die dann eines Tages wie von selbst zu einer schönen neuen Piste heranreifen wird.

Trauer

Macht der Gefühle

So viele Gefühle wirken in uns. Und obwohl es einige bestimmte große Gefühlsgebäude gibt, sehen doch die Gefühle jeder Frau immer ein wenig anders aus, ganz so, wie wir es uns an unserer großen Tafel der individuellen Steckverbindungen klar gemacht haben.

Nun kann man jedes Gefühl immer auch im Körper wieder finden. Jedes einzelne Gefühl!

Im Großen und Ganzen erzähle ich euch damit nichts Neues, wir kennen alle die Schamesröte, die uns ins Gesicht steigen kann, das Herzklopfen, die Laus, die uns über die Leber gelaufen ist; wir kennen das, wenn man zu viel um die Ohren hat, oder die Nase voll. Aber auch dies sind nur wieder die großen Gefühlsgebäude, und die großen Wirkungen, die wir auf die eine oder andere Weise anerkannt haben oder für möglich halten.

Denkt man hier konsequent weiter, dann versteht man, dass dies auch in den kleinen Dingen so ist. So manches nicht gesagte Wort das schluckt der Hals, es ist jedoch in ihm stecken geblieben. Sobald wir in der Entspannung sind und darauf achten, dann finden wir dieses „geschluckte" Wort wieder, ganz genau dort, wo wir es einst vergessen hatten. Es befindet sich in jeder einzelnen Zelle unseres Halses gespeichert. Tun wir uns das häufig an oder gar regelmäßig, dann können wir einen richtig dicken Hals davon bekommen.

Auch, wenn wir unsere Wut im Bauch nicht ab und zu freilassen, dann wird sie im Bauch bleiben.

Das ist kein Weltuntergang. Aber ein leerer Bauch, ein Bauch, der frei ist von verletzten Gefühlen, kann besser empfangen.

Es gibt wirklich sehr, sehr viele Beispiele von Emotionen, die im Körper manifestiert sind, denn jedes Gefühl sitzt im Körper, und macht es sich dort gemütlich, sobald es verletzt ist. Man könnte fast sagen, wenn wir nicht gut aufpassen, dann verletzen wir unsere Gefühle von Morgens bis Abends. So ist es eine ganze Menge, die da in unserem Körper gespeichert ist. Ein klein wenig haben wir davon schon in den Kapiteln „der verratene Bauch" und „die geknickte Frau" erfahren. In England gibt es sogar Geistheiler, die fassen einfach ein paar Zentimeter Haut eines anderen Menschen an, und können dann ganz klar die darin gespeicherten Gefühle benennen und heilen.

Wir können also sagen, unser Körper ist die Sammlung all unserer Gefühle. Und die verletzten Gefühle sind es, die wir nun langsam wieder in Ordnung bekommen möchten.

Verletzte Gefühle

Wir haben unser Kontrollverhalten schon ein wenig gelockert. Haben es vielleicht geschafft, dem Thermometer den Rücken zu kehren, ja, vielleicht sind wir sogar froh, dass wir nun nicht mehr ständig zum Gynäkologen fahren müssen, der in uns hinein zu schauen versucht, der uns unseren hormonellen Status zu vermitteln sucht. All diese Dinge strengen uns sehr an, und lenken uns ab, von den wirklich wichtigen Dingen.

Wir können sie auch schon fühlen, unsere Unterstützung, die da aus den Tiefen unserer Emotionen schon längst begonnen hat, zu wirken. Es ist dieses tiefe Wissen der Goldmarie, der Neandertalerin, und es ist die Sehnsucht, die, je mehr sie an die Oberfläche kommt, uns Gewissheit gibt, dass nichts an dem, was wir fühlen, falsch sein kann, und das eben deshalb so ist, weil *wir* richtig sind!

Es gibt keine falschen Gefühle!
Es gibt nur Gefühle!
Es gibt auch keine guten oder schlechten Gefühle!
Es gibt nur Gefühle!

Es gibt aber verletzte Gefühle!
Es gibt unterdrückte Gefühle!
Es gibt gekränkte Gefühle, traurige Gefühle, unerhörte Gefühle, es gibt einsame Gefühle, es gibt wirklich eine lange Liste von Verletzungen, die unsere Gefühle erleiden können.

Es wäre falsch zu denken, dass unsere Umgebung diese, unsere Gefühle verletzen würde. Dies wäre ein nicht richtiger Ansatz, denn es würde uns ja zu Opfern der Gesellschaft machen. Wir sind jedoch keine Opfer, wir sind Täter. Wir sind auch Würdenträgerinnen all dieser Gefühle. Sie wohnen in uns, und wir sind in der Lage, sie alle zu lieben, auf unsere höchstmütterliche, gastfreundliche Art.

Das klingt schwieriger, als es ist. Erinnern wir uns an die kleine Klavierschülerin und die Transformation von Gefühlen. Am Ende, wenn sämtliche Transformationsetappen durchlaufen sind, dann kommt immer ein Gefühl der Liebe dabei heraus. Immer!

Andersherum ist es so, dass unsere Gefühle um so kränker werden, je mehr sie unterdrückt und verletzt werden. Sobald z.B. unsere Liebe auch nur ein wenig verletzt wird, steigt sie ab in eine weniger reine Form, und wenn sie dann weiter verletzt wird, setzt sich dieser Kreislauf fort, die Verletzung wird Schicht um Schicht größer. Schicht um Schicht können wir unsere Gefühle aber auch wieder freilegen.

Das können wir erreichen, jeder kann das, mit der Emotionalkörpertherapie. Musste ich vor 20 Jahren während meiner Hypnoseausbildung noch etliche Symbole und Regeln beachten, ist die Emotionalkörpertherapie vollkommen frei davon. Sie ist ein mindestens ebenso mächtiges Werkzeug wie die Hypnose und alles, was es heute so an Therapien in tiefer Entspannung geben mag. Aber sie ist ganz einfach zu erlernen, dies ist endlich einmal ein Werkzeug für Jedermann und Jedefrau.

Ich brauche die Hypnose heute nur noch sehr selten. Die Emotionalkörpertherapie hat sie längst abgelöst, und ich denke, sie wirkt sogar noch schneller, vor allem aber: Sie ist gesünder, denn man tapst einfach immer nur der Seele hinterher, bringt alles in Ordnung, löst Negativprogramme auf, und liegt so spielerisch immer auf der sicheren und richtigen Seite, anstatt – so wie früher- mit etlichen posthypnotischen Aufträgen so manche Verantwortung auf sich zu laden.

Man muss kein Therapeut, sondern einfach nur Mensch sein, um die Emotionalkörpertherapie anzuwenden. Das ist das Wunderbare daran. Seit Jahren vermittle ich sie, und ich weiß, dass Mütter, Erzieher, Frauen, ja sogar die Zimmerleute sie erfolgreich anwenden.

Sie sagen heute noch: „Wenn de dir mal ordentlich mit`m Hammer auf de Finger gekloppt hast, dann musste einfach schnell „Danke“ sagen, dann lässt der Schmerz gleich nach!“ Zimmerleute verletzen sich öfter mal. Und ihr Berufsstand hat sich tatsächlich einen bemerkenswerten kleinen Fundus an helfenden und heilenden Sofortmaßnahmen erhalten. Sie kurieren ihre Erkältung mit einer ordentlichen Ladung heißem Bier. Da würde ich persönlich umfallen, aber die Zimmerleute können das und bekommen auch keine wirkliche Grippe. Sie kurieren allerlei Verletzungen mit einem Bad in Kernseife, und können auf rostige Nägel treten, ohne sich jemals eine Blutvergiftung oder auch nur eine Entzündung davon zu holen. Sie erhalten sich immer das, was wirkt und das hat eine lange Tradition. Dass sie das „Danke“ in ihren Medizinkasten aufgenommen haben, mag für sich sprechen. Sie sagen nur deshalb „Danke“ zum Schmerz, weil es eben nun einmal hilft!

Die Kraft des „Dankeschön“

Gefühle sind ein Teil von uns!
Alle unsere Gefühle.
Wir nähren sie mit unserer Lebensenergie.
So gehört auch der Schmerz zu uns. Es ist unser Schmerz.

Wir veranstalten alles Mögliche mit ihm, aber lieben tun wir ihn nicht.

Weshalb eigentlich nicht?

Wie kommen wir nur dazu, manche unserer Gefühle zu lieben, andere aber abzulehnen?

Vielleicht liegt es an unseren Vorbildern und Leitsätzen.

Wie oft habe ich in meiner Kindheit gehört: Indianer kennt keinen Schmerz.

Ob das wirklich so ist? Oder gehen die Indianer einfach nur ganz anders mit ihrem Schmerz um? Schauen wir uns das doch einmal näher an.

Die Gesamtheit unserer Gefühle macht uns selbst aus. So vereinige ich alle meine Gefühle also in mir. Und es kann mir immer nur so gut gehen, wie es der Gesamtheit der Gefühle in mir geht. Nun stellen wir uns vor, ich verletze mich. Es tut weh. Der Schmerz in mir meldet sich. Das ist der Moment, in dem ich wohl aufhöre, ihn als einen Teil von mir zu akzeptieren, ich begehe also lieber den Kardinalsfehler Nummer eins und lehne ihn ab!

Ich reiße ihn sozusagen heraus aus meiner Gefühlsgesamtheit, und setze ihn vor die Tür. Direkt neben mich. Das ist ein glatter Rausschmiss! Und anstatt meiner Liebe und Toleranz fange ich nun an, ihn mit meiner Ablehnungsenergie zu speisen. Ablehnungsenergie ist eine nicht gute Energie, sie ist kriegerisch und deshalb aggressiv.

Der Trick ist es nun, meinem Schmerz als aller erstes meine kriegerischen Kräfte zu entziehen. Einfach so, als würde ich einen Stecker ziehen, ihm die Stromversorgung abschalten. Das geschieht, indem ich einfach „Danke“ zu ihm sage. Das funktioniert, das funktioniert auch, wenn ich das „Danke“ voll und ganz heuchle. Der Schmerz geht so zwar nicht weg, aber er transformiert sich auf der Stelle, er ändert seine Qualität, er ist zunächst einfach nur noch Schmerz, ohne all die Verletzung, die ihm gegenüber von mir ausgeht.

Das könnt ihr! Jeder kann das. Ich habe euch lediglich voraus, dass ich inzwischen ein ganz inniges Vertrauen zu dieser

Therapieform habe, ich sehe nämlich seit Jahren, dass und wie sie funktioniert. Sie gehört zu meinem Fundus. Sie ist so genial einfach, dass eine ihrer Mitbegründerinnen, Frau Dr. Dorothea von Stumpfeldt, sie heute ganz einfach den Emotionalkörperprozess nennt. Wir benötigen hier nur ein wenig Wissen über das „Verhalten" der Emotionen grundsätzlich, sowie drei Sätze. Spätestens, wenn eure Kinder dann bei euch sind, werdet ihr heilfroh sein, um diese Dinge zu wissen.

Die Emotionalkörpertherapie

Vom Umgang mit dem Schmerz

DAS NÄCHSTE MAL, wenn der Schmerz im Bauch sitzt, dann legen wir die Hände auf den Bauch und sagen deutlich:

„Lieber Schmerz ich spüre dich, und ich danke dir dafür, dass du da bist.“

Lassen wir unseren Satz drei, vier Sekunden lang wirken und spüren dann wieder in uns hinein. Der Schmerz wird sich verändert, schon ein wenig transformiert haben. Aus dem unerträglich, alles zusammenziehenden Schmerz, ist vermutlich ein krampfender Schmerz geworden. Das mag fraglich klingen, es ist aber so, der Schmerz ändert sich auf das Wörtchen „Dankeschön“ sofort! Er geht nicht immer gleich weg, aber, er ändert sich, er beginnt, sich zu transformieren. So finden wir also gerade heraus, dass unser Schmerz ein krampfender Schmerz ist. Auch den krampfenden Schmerz sprechen wir nun an.

> *„Lieber Krampf, ich spüre dich, und ich danke dir dafür, dass du da bist“.*

Warten wir wieder drei, vier Sekunden, und fühlen wir in uns hinein, fühlen wir, wie der Krampf sich auflöst, und vielleicht ein Ziehen übrigbleibt.

So tragen wir nun Schicht um Schicht ab, transformieren unseren Schmerz immer weiter, mit diesem ersten großen Satz der – Emotionalkörpertherapie:

> *„Liebes Ziehen, ich spüre dich, und ich danke dir dafür, dass du da bist“*

Spüren wir in uns hinein. Immer wieder. Spüren wir, wie aus dem Ziehen ein Druck wird.

Irgendwann kommen wir so dann nicht mehr weiter, und es wird Zeit, schnell den zweiten großen Satz der Emotionalkörpertherapie anzuwenden:

„Lieber Druck, ich danke dir dafür, dass du da bist; *sag, gibt es irgend etwas, was ich für dich tun kann?*"

Jetzt ist unsere Fantasie gefragt. Oft hilft es, wenn wir unseren Schmerz in ein Bild verwandeln, bei dem es uns leichter fällt, es zu lieben. Verwandeln wir ihn also einfach in einen Teddy zum Bespiel, oder in ein süßes kleines Babypüppchen. Hier sind wir vollkommen frei in unserer Auswahl. Probiert einfach selbst aus, zu welchem Bild ihr eure Liebe so richtig fließen lassen könnt. Ich wähle hier nun einfach mal den Teddy, eurer Fantasie sei dadurch jedoch keinerlei Grenze gesetzt. Am Ende wird es uns gelingen, unseren Teddy in die Arme zu nehmen, ihn anzunehmen, ihn zu lieben und auch herauszufinden, was er denn braucht. Oft genügt ihm unsere Liebe, manchmal möchte er aus unseren Diensten entlassen werden, dann geht er einfach, wenn wir ihm das erlauben, und manchmal möchte ein Teddy auch einfach etwas Urlaub in der Karibik machen. Egal, was unser Gefühl wünscht, oder eben der Teddy als seine Entsprechung, wir erlauben es. Wir können ihm auch erlauben, mal ganz, ganz groß zu werden. Denn erst, wenn unser Gefühl das mal durfte, dann wird es endlich kleiner werden können.

Ihr seht, ihr müsst selbst herausfinden, was eure Gefühle, eure Teddys sich wünschen. Manchmal kann es ein wenig Angst machen, das zu erlauben. Vielleicht hilft es euch hier, zu wissen, dass ein Gefühl sich erst dann transformiert, wenn seine Bedürfnisse befriedigt sind.

Wir selbst verstehen uns nun also als eine Art liebevolle Herbergsmutti, die stets bemüht ist, alle ihre Gefühle gut unterzubringen und zu versorgen. Egal, ob das Gefühl Liebe heißt oder Hass, wir behandeln alle gleich. Dabei mag uns der Teddy ein wenig helfen.

Zurück zu unserem Druck im Bauch. Der wohnt ja schließlich in uns. Wir sind verantwortlich für ihn. Und im Prinzip fragen wir ihn ja gerade, ob wir ihm eine richtig gute Gastgeberin sind, oder aber nicht. Stellen wir uns unseren Körper und unseren emotionalen Körper wie ein Haus vor, eine Pension vielleicht, und wir tragen die Verantwortung dafür, dass es jedem unserer „Gäste" wirklich gut geht.

Es kann gut sein, dass unser Teddy, der symbolisch für unseren Druck im Bauch steht, uns nun antwortet:

„Es ist mir zu eng hier!"

Da sind wir aber eine schlechte Gastgeberin. Das korrigieren wir sofort. Wir erlauben unserem Druck, mal so richtig groß zu werden, wir erlauben ihm, sich so viel Raum zu nehmen, wie er braucht, um sich in uns wohl zu fühlen. Sehen wir zu, wie unser Teddy riesengroß wird, und vielleicht wird tatsächlich auch der Druck im Bauch zeitgleich größer.

Dies ist nur ein kurzes Intermezzo, da bleiben wir ganz ruhig und lassen sich unseren Druck mal richtig aufpludern. Beobachten wir ihn. Noch immer möchten wir ja herausfinden, was ihm denn fehlt.

Er wird groß werden. Wir können ihn fragen, ob er vielleicht wo anders hin will. „Ja", wird er vermutlich sagen, ich will raus hier, weil mir ist eh alles zu eng". Lassen wir ihn also, fragen wir ihn, welchen Weg er denn wählen möchte. Sollen wir ihm ein Türchen in unseren Bauch zaubern, oder sollen wir ihn einfach ausatmen? Vielleicht möchte er uns aber auch mit unseren Tränen verlassen.

Was immer er wünscht, wir bleiben lieb und freundlich, und erlauben ihm, was immer er will. Schauen wir zu, wie er uns verlässt. Als Gastgeberinnen wissen wir, was sich gehört, wir verabschieden ihn, sagen noch: "Lieber Druck im Bauch, vielen Dank für deinen Besuch, und für all das, was du für mich getan hast. Nun brauche ich dich aber nicht mehr. Ich entlasse dich aus meinen Diensten und meiner Verantwortung."

Dann schauen wir zu, wie unser Teddy sein Bündel packt und fröhlich und meist auch erleichtert, von dannen zieht.

Vom Umgang mit der Angst

Wir haben nun erfolgreich den Schmerz transformiert. Spüren wir also wieder in unseren Bauch hinein. Schauen wir, was wir nun in unserem Bauch antreffen. Aha! Wir begegnen der Angst!

Wir haben eine Angst im Bauch, die sich gewaschen hat. Wieder bleiben wir ganz ruhig, wir machen in Engelsgeduld mit unserer Emotionalkörpertherapie weiter.

> *„Liebe Angst, ich spüre dich, und ich danke dir dafür, dass du da bist. Sag, was kann ich denn für dich tun?"*

Mit großer Sicherheit wird die Angst den gleichen Weg wählen, wie es vor ihr unser Schmerz tat. Begleiten wir sie also, bis sie sich von uns verabschiedet.

Was bleibt wohl, wenn die Angst im Bauch fort ist? Wir werden ganz sicher auf die eine oder andere Art unserer Hoffnung begegnen. Ja, das kommt uns bekannt vor: Wir haben Angst vor der Hoffnung. Besser sollte ich sagen, wir *hatten* Angst vor der Hoffnung.

In dem Augenblick, wo die Angst auch nur ein kleines Stückchen zur Seite gegangen ist, da können wir schon mal kurz die Hoffnung sehen, und ich verspreche euch, sie fühlt sich ganz wunderbar an.

Das macht Mut, weiterzumachen. Es ist aber auch vollkommen in Ordnung, unsere kleine Emotionalkörpertherapie auch abzubrechen, ganz, wie wir es wünschen. Der Vollständigkeit halber gebe ich euch nun den letzten großen Satz der Emotionalkörpertherapie mit, er lautet: "*Möchtest du mir etwas sagen oder zeigen?*" So groß ist dieser Satz aber nicht, wir werden ihn bei weitem nicht so oft brauchen, wie die ersten beiden. Und notfalls kommen wir auch mit den ersten beiden durch.

Gehen wir mit unserer Emotionalkörpertherapie immer mindestens so weit, wo wir fühlen, dass dies eine gute und angenehme Etappe ist. Wir brauchen auch nicht unbedingt einen Schmerz, um die Emotionalkörpertherapie zu üben.

Es gibt sie auch als Luxusliner, einfach dann, wenn wir etwas für uns tun möchten. Dann legen wir uns einfach entspannt hin, oder wir nutzen die tiefe Entspannung, in der wir uns kurz vor dem Einschlafen oder dem Aufstehen ohnehin befinden. Nutzen wir sie doch, unsere geliebte Schlummertaste, und schauen wir uns mal in uns um.

Wenn uns nichts weh tut, dann steigen wir nur etwas anders in die Emotionalkörpertherapie ein. Wir „checken" dafür unseren Körper. Wir bleiben einfach still liegen, und finden heraus, wie es uns denn geht. Nach kurzer Zeit kribbelt uns vielleicht die Nase. Dann wäre dieses Kribbeln unser Einstieg. „Liebes Kribbeln in der Nase, ich spüre dich, und ich danke dir dafür, dass du da bist. Sag was kann ich denn für dich tun?" Vielleicht verlangt unser Kribbeln einfach nur, dass wir uns mal an der Nase kratzen. Und nachdem wir das tun, wird der kleine Zeh ganz warm. Ganz egal, was auch passieren mag, wir gehen Schritt für Schritt hinterher und transformieren, was zu transformieren ist so, wie unsere Goldmarie das täte.

Alles, was körperlich geschieht, hat auch immer eine Entsprechung in unseren Gefühlen und umgekehrt. Also dürfen wir getrost zwischen diesen beiden Ebenen wechseln, ganz wie wir mögen. Das schöne an einem Einstieg in der körperlichen Ebene ist, dass wir nichts interpretieren müssen. Wir tappen einfach den Gefühlen hinterher und bringen sie in Harmonie.

Steigen wir auf der körperlichen Ebene ein, kann es gut sein, und es ist auch wahrscheinlich, dass wir in unseren Gefühlen landen. Es ist aber vollkommen in Ordnung, wenn das nicht so ist. Im Prinzip können wir nur einen einzigen richtigen Fehler machen, das wäre der, irgendeinem Gefühl oder einer Befindlichkeit unsere ablehnende Energie zu geben. Genau das wollten wir ja gerade verhindern. Falls es uns aber passieren sollte, dann merken wir ganz schnell, dass dies wohl ein Fehler war, denn Gefühle, die wir bekämpfen, oder denen wir Widerstand entgegensetzen, die werden gleich ganz viel größer.

Sollten wir also sagen: „Schmerz ich hasse dich“ dann wird der vermutlich antworten, „Ja danke, ich dich auch,“ und wir würden am liebsten schnell zur Hausapotheke flitzen, um uns ein Aspirin zu holen. Verzichten wir lieber aufs Aspirin, und seien wir wieder nett zu unserem Schmerz, denn inzwischen wissen wir ja, wie wir wirklich mit ihm arbeiten können.

Probiert dies gerne aus! Zunächst müsst ihr vermutlich verifizieren, was ich euch hier erzähle, dann werdet ihr nach und nach mehr Vertrauen dafür entwickeln, und diese Methode schließlich und endlich ebenso lieben, wie ich und viele, viele Frauen vor euch. Lest gerne diese Zeilen ab und zu noch mal, das lernt sich wirklich ganz schnell.

Nach und nach wird dieses Wissen auch in unser Verhalten einfließen. Wenn wir also eine Mutter hören, die zu ihrem Kind sagt „Heul nicht!“, dann wundern wir uns nie wieder über die riesengroße Sirene die dieses Kind dann anlassen muss, denn wir wissen um die Prinzipien unserer Gefühle. Dann wissen wir, hätte diese Mutter gesagt: „Ach ja, das tut bestimmt weh“, dann hätte sie nur noch einmal kurz auf den Schmerz pusten müssen, und das Kind wäre prompt danach von ihrem Schoß gehopst, um schon wieder weiterzuspielen.

Welch eine Vergeudung von Energien!

Beginnen wir auch zu verstehen, was sich hinter Sätzen verbirgt, wie:

„Ach, ist ja wieder gut!“

„Ach, das tut doch gar nicht weh“

„Hör doch auf, zu weinen!“

„Das ist doch nicht schlimm.“

Und welch eine Kriegseröffnung allein in dem Wort „Nein!“ steht.

Auf das Wörtchen „Nein!“ zieht sich der ganze Bauch zusammen, würde man das energetisch sehen können, dann sähe es aus wie ein Schlag in die Magengrube.

Achten wir also auch schon einmal auf unsere Worte und streichen wir wenigstens für uns und unsere Familie den Babystandardspruch: „Nein, nein!“.

Müde bin ich all der Konflikte.
Müde bin ich all der Konflikte um mich herum,
und noch viel müder derer, die in mir zu toben scheinen,
Tag für Tag, Nacht für Nacht,
und Stunde um Stunde, die vergeht.

So zahlreich in Stück und Art,
dass ich sie kaum mehr orten kann,
kaum mehr benennen.

So verwirrend sind sie,
dass sie wohl an mir vorbeifliegen,
wie Schatten, wie Schemen,
unklar aber bedrohlich,
vertraut und fremd zugleich,
viele große Unbekannte,
deren Heimstatt wohl ich selbst bin.

Viele geheimnisvolle Geheimnisse,
beinahe, dass ich vergessen hätte,
dass ich sie überhaupt in mir trage.

Ein Krieg ist immer eine schlimme Sache. Einer der wesentlichen Fakten eines jeden Krieges, den wir führen, ist, dass er Ressourcen kostet. Es kostet viel Kraft, einen Krieg zu führen. Ein Krieg, der unter der Oberfläche tobt, der kostet uns Kraft im Untergrund, in unserem Unterbewusstsein.

Ein Krieg, von dem wir nichts wissen, kostet uns unwissentlich Kraft. Und wir können uns dann allenfalls wundern, weshalb wir uns so ausgelaugt fühlen, und so sehr müde.

Sobald wir unsere eigenen Kräfte gegen ein Gefühl, eine Emotion ins Feld führen, führen wir einen solchen Krieg. Ein solcher Krieg ist so wirkungsvoll wie ein Guerillakrieg, denn es wird im vertrauten Gelände aus dem Untergrund heraus gekämpft. Es ist also ziemlich dumm, sich auf einen Guerillakrieg einzulassen. Amerika tut das nicht, wir sollten dies auch nicht tun. Es gibt für uns nichts Richtigeres und Wichtigeres als in diesem unseren noch etwas ungewohnten Land der Gefühle wieder Frieden einzuführen.

Angst

Angst ist ein großes Thema in unserer Gesellschaft. Für Mütter und diejenigen, die Mütter werden wollen jedoch, ist es ein riesiges Thema. Mutterschaft und Angst ums Kind, dies sind uns sehr vertraute und miteinander verbundene Begriffe. Wir kennen sie genau, die Angst unserer Mütter um uns bis zum heutigen Tage. Offenbar ist es egal, wie alt wir inzwischen geworden sind, noch immer begegnen uns unsere Mütter ab und an in all ihrer Sorge um uns und unser Wohlergehen. Eines Tages werden wir selbst Mütter sein, und wir wissen in diesem Zusammenhang genau, dass auch wir Angst haben werden und in Sorge sein werden um unsere Kinder.

Gewiss, Männer haben auch Ängste, und im Prinzip gibt es viele Ängste und jeder hat welche. Hier und jetzt aber meine ich diese eine spezielle Angst, die Angst der Mütter, die in unseren Bäuchen wohnt.

Es ist unwichtig, ob wir schon Mütter sind, oder es noch werden möchten. Diese Angst wohnt schon mal in unseren Bäuchen.

Normalerweise treffen wir unverzüglich auf all unsere Ängste, sobald wir die Kontrolle aufgeben, sobald die Kontrolle ein wenig zur Seite tritt. Denn die Kontrolle ist ein Antagonist der Angst. Deshalb klammern wir uns oft an unsere Kontrolle: Zu groß ist die Angst vor der Angst. Das dumme hieran ist, dass wir, wenn wir den Weg zur Angst versperrt haben, wir auch an unsere Sehnsucht, die Hoffnung und die Zuversicht nicht herankommen. Denn man kann Gefühle nicht selektiv aussperren, das funktioniert leider zumeist nur systemisch, also generell.

Die mütterliche Angst, diese spezielle Angst, von der ich nun gerne sprechen möchte, zeichnet sich dadurch aus, dass wir unmittelbar vor der Angst noch die Traurigkeit antreffen. So wundert es dann wohl nicht mehr, dass diese Ängste, schaut man sie sich genauer an, immer auch ein wenig vermischt sind mit der Trauer, die vor ihr steht, und der Hoffnung, die immer gleich hinter der

Angst steht. Ja, so ist das, die Angst steht vor der Hoffnung, deshalb haben auch viele Frauen eine so große Angst vor der Hoffnung. In der Arbeit mit dem Unterbewusstsein zeigt sich dies ganz genau so. Da mag die Angst eine Gestalt sein, und wenn wir sie bitten, mal ein wenig zur Seite zu treten, oder wenn wir selbst uns ein wenig von der Stelle bewegen können, dann sehen wir, dass hinter der Angst die Hoffnung versteckt war. So wird auch logisch, dass man hinter einer allzu großen Angst dann die Hoffnung kaum mehr sehen kann.

Was ist also mit uns geschehen? Aus unserer einstigen Angst von früher, als wir noch junge Mädchen in den Startlöchern einer Karriere waren, einer Angst vor einer Schwangerschaft, ist nun eine andere Angst geworden. Und diese Angst hat viele, viele Gesichter.

Wenn wir Angst empfinden, und den Fehler machen, sie nicht als unsere ganz natürliche Angst anzuerkennen, sondern sie zu unterdrücken, dann werden wir uns auf einen Weg begeben, den unsere kleine Klavierschülerin gegangen war. Dann wird die Angst mutieren, und sich in anderen, qualitativ schlechteren Emotionen in uns zeigen. Eine ganz typische dieser Emotionen ist die Aggression.

Es gibt eine Geschichte, irgendwo in China platziert. Sie schildert so schön diese Ursächlichkeit von Angst und Aggression. Man erzählt sich dort, dass einst ein sehr, sehr mächtiger Eroberer sein frisch erstrittenes Land zu besetzen wünschte. Er gab hierzu die Anweisung, ihm sämtliche Dörfer und Häuser bereits geräumt zu überlassen. Und er drohte, die Menschen zu töten, die sich ihm widersetzen.

So besetzte er sein Land. Eines Tages kam er in ein Kloster, welches nicht vollkommen geräumt war. Es war ein einziger Mönch, der dort einfach zurückgeblieben war.

Der Eroberer war sehr wütend darüber; er tobte, und er brüllte den Mönch an: „Weißt du eigentlich, wer *ich* bin? Ich könnte dich auf der Stelle töten, ohne mit der Wimper zu zucken!“

Da antwortete der Mönch: „Und weißt du, wer ich bin? Ich könnte mich auf der Stelle von dir töten lassen, ohne mit der Wimper zu zucken!"

Diese kleine Geschichte erzähle ich gerne meinen Kindern, um ihnen zu veranschaulichen, was wirkliche Stärke ist. Das bedeutet nun natürlich nicht, dass wir alle in das nächste Messer laufen sollen. Nein so ist das nicht gedacht. Sie soll lediglich aufzeigen, dass hinter jeder Aggression immer auch Angst steht. Und dass ein Mensch ohne Angst sehr charakterstark sein kann.

Ein falscher Umgang mit der Angst kann also Aggressionen schaffen. Allein eine unterdrückte Angst kann das schaffen. Und das schlimmste daran ist, dass sich dies an unserem Bewusstsein vorbeimogelt, und dass diese Aggressionen sich dann auch gegen uns selbst richten können, sie wird zur Autoaggression, und das macht uns krank, richtig krank, emotional und auch körperlich.

Unsere Angst kann aber auch noch weitere Wege nehmen, denn sie kann uns in den Kontrollzwang führen. Auf uns Frauen übertragen, bedeutet dies, dass wir unseren Körper, unseren Zyklus laufen lassen, sodass wir frei sind, bis zu der Stelle in unserem Leben, an der wir es mit der Angst zu tun bekommen. Entweder mit unserer Angst, schwanger zu werden, oder – meist später dann – mit unserer Angst *nicht* schwanger zu werden.

Um uns über diese tief in uns schlummernde Angst hinwegzuretten, beginnen wir, unseren Körper zu kontrollieren. Und je größer unsere Angst ist oder wird, desto größer werden unsere Anstrengungen sein, diese Kontrolle auszuweiten und zu verfeinern. Am Ende haben wir unsere Köpfchen voll mit den raffiniertesten Kontrollmethoden. Und wieder unser eigentliches Ziel aus den Augen verloren.

In welcher Art diese unsere Mechanismen auch funktioniert haben mögen, wir können sie nicht einen Tag mehr länger brauchen, denn wir sind Mütter auf dem Weg zu unserem Wunschkind, dafür wollen und müssen wir gesund sein an Körper und Seele. Fangen wir also an, stellen wir uns unseren Ängsten und ihren vielen Facetten. Die Frauen aus meinem Kinderwunschforum waren so lieb, und haben eine Liste solcher Ängste zusammen gestellt:

Angstsammlung:

Ich habe Angst vor der Hoffnung, jeden Monat!

Ich habe Angst vor meiner Menstruation.

Ich habe Angst, vielleicht niemals ein Baby in meinen Armen halten zu dürfen, niemals erfahren zu dürfen, wie es ist, eine Mutter zu sein.

Ich habe Angst davor, nie ein Kind zu haben, nie zu wissen, wie das ist, wenn ein Kind in dir wächst, nie zu wissen, wie es ist, Leben zu schenken, zu gebären, nie zu wissen, wie es sich anfühlt, wenn man das Kind zum ersten Mal sieht, es riecht, schmeckt, es als Ganzes begreift, wie es sein würde, wenn es seinen ersten kleinen Schritt selbst macht, wenn es das erste Mal „Mama" zu mir sagt.

Ich habe Angst davor, mit all meiner Mutterliebe und meiner Sehnsucht nach meinem Kind sitzen zu bleiben, und sie nie weitergeben zu dürfen.

Ich habe Angst davor, ohne Kinder alt werden zu müssen.

Ich habe Angst davor, dass nichts von mir übrig bleibt, wenn ich einst die Welt der Lebenden verlassen muss.

Ich habe Angst vor dummen Fragen und Bemerkungen Außenstehender.

Ich habe Angst davor, dass wieder jemand in meinem Freundeskreis schwanger wird.

Ich habe Angst davor, keine richtige Frau zu sein.

Ich habe Angst davor, dass mein Mann sich so sehr ein Kind wünscht, und ich ihm diesen Wunsch nicht erfüllen kann.

Ich habe Angst davor, dass mein Mann sich *kein* Kind wünscht.

Ich habe Angst vor meinem eigenen Babyneid.

Ich habe Angst davor, eine Außenstehende zu sein, immer dann wenn sich Frauen über das Kinderkriegen oder über Kindererziehung unterhalten – und das tun sie ja so oft.

Ich habe Angst vor der nächsten Familienfeier.

Ich habe Angst davor, als „Nicht-Mutter“ abgestempelt zu werden.

Ich habe noch größere Angst davor, andere könnten denken, ich wäre freiwillig kinderlos, eine von den Frauen, die unbedingt nur ihr eigenes Leben genießen wollen.

Ich habe Angst davor, nicht dazuzugehören.

Ich habe Angst davor, schwanger zu werden und mein Baby dann zu verlieren.

Ich habe Angst, guter Hoffnung zu sein und dann am Zyklusende enttäuscht zu werden.

Ich habe Angst davor, mir eine Schwangerschaft einzureden.

Ich habe Angst davor, dass mein Körper versagt.

Ich habe Angst davor, etwas nicht „hinzukriegen", was jede andere sonst kann.

Ich habe Angst, etwas Neues auszuprobieren, weil mir bisher noch nichts dabei helfen konnte, schwanger zu werden.

Ich habe Angst, zu hoffen, weil ich dann um so tiefer falle, wenn diese Hoffnung sich wieder nicht erfüllt.

Ich habe Angst vor meinem Bauch und vor dem was er tut.

Ich habe Angst vor dem Schmerz.

Ich habe Angst davor, keine gute Mutter zu sein.

Ich habe Angst davor, mich bei der Entbindung blöd anzustellen.

Ich habe Angst vor der Hingabe, Angst davor, meine Kontrolle aufzugeben.

Ich habe Angst vor der Angst.

Angst vor der Angst

Dies ist eine geballte Ladung Angst.

Versuchen wir es doch aber einmal, ganz vorsichtig zunächst, und auch nur in unserer Vorstellung. Machen wir uns klar, dass die erste Angst nicht die eigentliche Angst ist, sondern die Angst, die wir vor der Angst haben. Denn die Angst hat so viele Facetten. Sie kann so verschiedenartig sein. Und dennoch ist es einfach nur Angst. Und Angst ist einfach nur ein Gefühl. Also behandeln wir sie wie alle anderen Gefühle auch. Und wenn wir sie noch so sehr hassen, wenn wir sie oft schon so verflucht haben, das macht nichts. Wir haben unsere Taktik gelernt. Wir haben gespürt, wie wunderbar wir unseren Schmerz beeinflussen können, und wissen, das können wir auch mit allen anderen Gefühlen tun, auch mit der Angst.

Wir begrüßen also unsere Angst, wohl wissend, dass sie ein Teil von uns ist. Wohl wissend, dass wir sie an anderer Stelle oft schon gebraucht haben, denn ohne jede Angst würden wir über die Straße gehen, ohne nach links und rechts zu schauen. Die Angst sichert unser Leben. Sie wird auch später unsere Kinder sichern. Und dafür sagen wir ihr mal ein deutliches „Dankeschön". Sagen wir doch „Angst, ich spüre dich, und ich danke dir, dass du da bist".

Verwandeln wir sie gerne in einen Teddy und schauen wir, ob es unserem Teddy gut geht. Es wird ihm wohl kaum gut gehen. Schauen wir ihn an. Es kann gut sein, dass er wie ein kleines Kind dasteht und ganz jämmerlich weint. Vielleicht sagt er „Keiner mag mich!" Dann trösten wir unseren kleinen Teddy, ganz genau so, wie wir es auch mit unseren Kindern tun würden. Nehmen wir ihn doch auf den Arm, und trösten ihn, schmusen mit ihm, schenken wir ihm all unsere Wärme. Und wir wissen, dass wir bisher Rabenmütter unserer Angst waren. Das soll uns nie wieder passieren.

Ist der Teddy auf unserem Arm, können wir sehen, was hinter ihm steht. Oft ist es die Hoffnung. Fast alle haben wir Angst vor der Hoffnung. Wir haben aber auch oft Angst vor anderen Dingen. Und welche das sind, das können wir genau in dem Moment erkennen, wenn die Angst beiseite tritt. Oder sie sich in Form des Teddys pfiffigerweise gerade schmusend auf unserem Arm befindet. Was wir immer wieder auch finden, dies wird unsere neue Runde sein, wir begrüßen es, wir verwandeln es gerne in irgendwas, wir gehen die drei goldenen Sätze der Emotionalkörpertherapie mit ihm durch. Es ist ganz egal, was wir hinterher alles in unseren Armen halten. Wir können alles tragen, denn wir tragen es ja sowieso schon immer. Alles, was wir finden, sind Teile von uns. Und sie tragen sich am leichtesten, wenn es ihnen gut geht. Wir können auch für jedes Gefühl ein schönes Zuhause suchen, manche können wir auch entlassen oder in den Urlaub schicken. Da ist der Fantasie keine Grenze gesetzt. Probiert das gerne aus, spielt und variiert ein wenig herum. Ihr werdet sehen, dagegen kommt dann bald schon kein Fernsehprogramm mehr an.

Hoffnung

Ihr merkt es schon, jetzt geht es schon einmal bergauf. Waren wir bisher Opfer unserer Gefühle, nun sind wir schon ihre Manager, das nimmt uns die Angst, das lässt sie beiseite treten, und Hoffnung stellt sich ein. Das ist immer ein ganz besonders schöner Moment in unserer Kinderwunschzeit. Wir haben eine emotionale Sicherheit erlangt. Wir wissen, dass es immer mal wieder Rückfälle geben kann, wir wissen, dass die Angst sich immer mal wieder auf einen falschen Platz setzen kann. Aber, das macht nichts, denn wir wissen, wie wir sie wieder richtig platzieren.

Wir hatten die Hoffnung verloren. Jetzt haben wir sie wieder, und das ist eine wunderschöne Brille, durch die wir da wieder sehen können. Die ganze Angstsammlung könnten wir nun schon umformulieren in: „Ich habe die Hoffnung auf…"

So sind Angst und Hoffnung in der Balance, unsere Gleichung geht gleich Null auf und wir fühlen uns wieder wie die kleinen Kinder, ganz frei von überflüssigen Bürden.

„Wer so klein sein kann wie dieses Kind, der ist im Himmelreich der Größte." So steht es im Matthäus-Evangelium, ach, da ist so viel Wahres dran. Ich beneide sie wirklich manchmal, unsere Kinder, sie sind so schön frei und unverkorkst, so schön richtig sind sie. Da tut es gut, ihnen in ihrer Art ab und an ein wenig näher zu kommen, selbst wieder mehr wie ein kleines Kind zu sein, frei von Ängsten, Konventionen und Zweifeln. Hegen und hüten wir uns also unsere zurückgewonnene Hoffnung, denn sie kann noch mehr, als uns nur wohl fühlen lassen, unsere Lebensqualität wieder

[1] Das Kinderwunschforum ist ein öffentliches Forum. Ihr findet es unter: www.schmetterlingskinder.de, dort unter: „Biggis Forum", auch von www.kinderwunschhilfe.de ist es verlinkt. Hier kann man entweder nur still mitlesen, oder, wenn man möchte, sich mit anderen Betroffenen austauschen. Den meisten Frauen hilft das sehr, und schon nach kurzer Zeit kommt die Gelassenheit dann zu ihnen zurück. Sofern ich die Zeit dafür habe, moderiere ich dieses Forum persönlich und beantworte persönliche Fragen.

zu steigern. Sie kann uns nämlich auch unseren Wunschkindern näher bringen. Je mehr wir sind wie sie, desto eher können wir sie fühlen, können wir mit ihnen kommunizieren, können wir sie verstehen.

Dann sind wir ganz nah dran, an der Kinderwunschmutti, die in tiefster Entspannung ihrem zukünftigen Kind begegnete, und deren Kind uns diese wundervollen Sätze übermittelte. (Kapitel: Kontrolle- „Ich bin dein Kind“)

Aus unseren Kinderseelen spricht die Hoffnung. Hier können wir ihnen wieder begegnen. Denn die Hoffnung ist ein Gefühl, was uns stärkt. Unsere Kinder stärkt unsere Hoffnung nicht nur, sie brauchen sie!

Sollte uns das wieder einmal passieren, dass sich die Angst vor die Hoffnung stellt, das kann jeden Monat der Fall sein, immer dann, wenn wir unsere Menstruation erwarten, es kann überall und immer passieren, dann wissen wir ab sofort, dass die Angst in uns nichts weiter ist, als ein Ausdruck unserer Sehnsucht nach unseren Kindern. Die Sehnsucht ist ein Ausdruck unserer Liebe, die wir jetzt schon für unsere Kinder haben, und sie ist es, die sie suchen und brauchen.

So wissen wir, dass jedes kleine Tränchen, das wir ob unseres Eisprunges, ob unserer Menstruation vergießen, eine Träne der Liebe ist. Dies ist Mutterliebe! Wir sind also Mütter, wir sind Löwenmütter. Wir sind ganz wunderbare Mütter, wir sind halt nur solche Mütter, die ganz spezielle Kinder erwarten, das ist vergleichbar mit einer etwas längeren Schwangerschaft.

Zuversicht

Holen wir die Vision „Baby“ wieder zurück in unsere Herzen.

Gehen wir wirklich schwanger mit dieser Vision.

Locken wir unsere Kinder mit unserer Liebe.

Sprechen wir schon jetzt mit ihnen so, wie sie es ganz offenbar auch jetzt schon mit uns tun.

Begegnen wir ihnen an einem geschützten Ort, wo dieser Kontakt schon längst hergestellt ist:

In unseren Herzen.

Ich möchte euch hier ein Beispiel geben, eines von denen, über das ich nicht sprechen oder schreiben kann, ohne dabei sehr gerührt zu sein und eine Gänsehaut zu bekommen.

Es ist die Geschichte vom Schneeflöckchen.

Schneeflöckchen ist das Kind von Leonie. Leonie war eine Frau, der man aus medizinischer Sicht gesagt hatte, eine Schwangerschaft bei ihr sei ausgeschlossen. Sie hat zwei Gebärmütter, eine normalgroße und „gesunde“, darüber hinaus jedoch noch eine zweite, kleinere. Problematisch schien, dass ausgerechnet der Eileiter zur „gesunden“ Gebärmutter vollkommen verschlossen war, der andere hatte „schwere Passagestörungen“ Das war eine schreckliche Diagnose.

Leonies Sehnsucht nach ihrem Schneeflöckchen aber blieb. Ich habe sie bis heute nicht persönlich kennen gelernt. Das bedeutet, sie hatte weder die Chance, all diese Dinge auf einem Seminar noch von mir persönlich zu lernen, Sie hat das alles ganz allein getan! Bei uns im Kinderwunschforum.[1]

Etwa ein Jahr, nachdem ihre Tochter dann geboren war, schickte sie mir all ihre wichtigsten Postings, das waren die wichtigsten Stationen ihres Weges zu ihrem Kind. Gerade habe ich schon wieder darin geblättert, und finde ja, dass sich jedes einzelne dieser Postings lohnen würde, hier aufgeschrieben zu sein, so voller

Hoffnung ist Leonie, und sie versteht es bis heute, diese Hoffnung auch mit anderen zu teilen.

Leonie schrieb uns am 15.11.2001

„Hallo, ihr Lieben,

ja, nun ist das eingetroffen, was ich gar nicht mehr zu hoffen wagte: Ich habe am Montag meine Mens bekommen und zwar bis Dienstag Mittag ohne Schmerzen, dann kamen leichte Schmerzen, aber durchaus zum Aushalten… ja und das war alles!

Nun schlage ich mich seit 21 Jahren mit diesen Schmerzen herum, ich hatte immer die ersten zwei Tage sehr starke Schmerzen, ohne Tabletten ging da gar nichts.

Als diesmal meine Mens kam und mit ihr wie gewohnt der Schmerz, habe ich den Schmerz begrüßt und ihm gesagt: „Schmerz ich grüße dich, ja ich habe es nun endlich verstanden was du mir sagen willst: Ich bin eine Frau und ich bin fruchtbar und es ist wunderschön, weiblich zu sein. Ich brauche meine Weiblichkeit nicht mehr unter Schmerzen zu beweisen, die Mens ist ein Zeichen meiner Fruchtbarkeit, und es ist wundervoll, wenn alles fließt“

Ob ihr es nun glaubt, oder nicht, aber der Schmerz war zufrieden und zog sich zurück.

Er kam noch ein paar mal und wollte sich wieder bemerkbar machen, doch sobald ich mit ihm sprach, war er zufrieden.

Ich bedankte mich auch bei meinen Gebärmüttern, wie schön sie die Schleimhaut aufgebaut hatten, und wie schön es sei, dass sie jeden Monat so ein nettes Nest bereiteten. Doch dieses Mal wollte noch kein Baby einziehen und die Schleimhaut solle nun Platz machen für eine neue. Und ich bat meine Gebärmütter, sie sollen die Schleimhaut nun gehen lassen, wir brauchen sie nun nicht mehr. Und mit der Schleimhaut ging dann auch der Schmerz.“

Leonie lernte schnell die Prinzipien der Emotionalkörpertherapie, sie sprach mit ihrer Gebärmutter, und war schier erstaunt, von ihr Antwort zu erhalten. Immer wieder ging sie in sich, schaffte Frieden und Balance in sich. Bald schon reichte ihr dies nicht mehr aus, und sie sprach zu ihrem Kind.

Zu seinem Namen kam es so:

Eines Abends war Leonie dabei, Schnee zu fegen. Draußen war es dunkel und sehr still. Ihr fiel ein, wie einzigartig jede einzelne Schneeflocke doch sei, gleichzeitig erinnerte sie sich an ihre Kindheit und an das Kinderlied „Schneeflöckchen, Weißröckchen, wann kommst du geschneit, du wohnst in den Wolken, dein Weg ist so weit…." Sie fing an, es aus vollem Herzen zu singen. Dies schrieb sie den anderen Forumsfrauen so auf, und schon bald sangen alle gemeinsam dieses Lied. Bis heute denke ich an Leonie, wenn es um die Weihnachtszeit überall zu hören ist. Und in meinen Ohren klingt dann eher ihre Variante des Kinderliedes:

„Vielleicht glaube ich ja jetzt wieder ans Christkind und versuche mich mal als Kindermacher….. meine Kinderseele lässt sich bestimmt zu mir locken….

Wer singt mit!
Kinderseeeelchen, mein Lieeeebes, waaaahan kommmmst du zu mir,
deeeheeeeinn Weeeeg aus den Wolken, deeeer ist ja so weit
Und jetzt ALLEEEEEEEEEEEEEEEE"

Ganz kurze Zeit später durften wir dies von ihr lesen:

„Biggiiiieeee und ihr anderen alle,
kann mich mal bitte jemand von euch zwicken!
Ich glaube ich träume!
Mein Test ist positiv!
Seit 10 Jahren warte ich auf diesen Augenblick und nun sitze ich hier und traue dem nicht, was ich da sehe… ich habe solche Angst, dass ich aufwache und alles war nur ein Traum…. zwickt mich bitte mal."

Schneeflöckchen war nun also unterwegs, und sorgte für einiges Stirnrunzeln der Ärzte:

„Liebe Biggi und alle anderen,
ich muss euch das nun einfach erzählen, denn es ist wirklich der Beweis dafür, dass einfach alles möglich ist.

Ich hatte heute noch mal einen Arzttermin, nun bei einem neuen Gynäkologen, hier fühle ich mich wohl und ernst genommen.

Ja, und Schneeflöckchen scheint auch begeistert zu sein, denn es zeigte seine Höhle von schon 8,3 mm.

Ja, aber deswegen schreibe ich euch nicht. Wisst ihr, wo Schneeflöckchen es sich gemütlich gemacht hat? In meiner linken Gebärmutter!

Ja, und das ist laut meinem Arzt ein echtes Wunder, er war ganz begeistert. Er hat sich den OP-Bericht von der Bauchspiegelung noch 2 mal durchgelesen und sein Grinsen wurde immer breiter.

Dann meinte er nur: Tja, Wunder gibt es immer wieder.

Laut meinem OP-Bericht ist die rechte Gebärmutter normal groß und die linke zu klein, der rechte Eileiter weist schwere Passagestörungen auf und der linke Eileiter ist vollkommen zu, deshalb wird der Patientin zu einer In-vitro-Fertilisation geraten…

hihi, wie ihr ja wisst, hat die Patientin den Rat in den Wind geschossen, sich statt dessen auf Biggis Seiten niedergelassen. 10 Monate Sepia genommen, ihre Vergangenheit verarbeitet, ihr Vertrauen in ihren Körper und in sich selbst wieder gefunden, gelernt sich wieder selbst zu lieben, und alle Gefühle zugelassen. Die Traurigkeit, die Angst, die Hoffnungslosigkeit, die Wut, den Zweifel, die Gelassenheit, die Zuversicht, und…
die Hingabe.

Und nun hat die Patientin ihr Schneeflöckchen in der linken Gebärmutter, und es führt dort kein anderer Weg rein, als durch diesen komplett verschlossenen Eileiter.

Ist das nicht wirklich wahnsinnig?"

Das ist eine wirklich schöne Geschichte, nicht wahr? Sie zeigt, dass nichts unmöglich ist, und dass wir Frauen sehr viel mehr können, als wir immer geahnt haben.

Leonies Schneeflöckchen ist ein süßes kleines Mädchen geworden. Ihre Fotos hängen hier in meinem Büro, und ab und an, schickt mir Leonie ein neues. Es ist so schön, diese Entwicklung zu sehen. Inzwischen holt Leonie zur nächsten Aktion aus, sie hat ihre Silberschnur schon ausgeworfen nach „Weißröckchen“ und ich bin felsenfest davon überzeugt, dass sie es schaffen wird, den Bruder ihres Töchterchens ebenfalls in ihre immer größer werdende Familie zu holen.

Eine andere Mutter hat, ganz passend zu diesem Weg unserer Kinder zu uns, etwas sehr schönes, auf die Geburtsannonce ihrer Tochter geschrieben.

> „Um Geduld zu lernen, muss man eine ganze Menge davon haben.
> Aber es kommt nicht darauf an, wie lange man wartet, sondern auf *wen*!
> Für *dich* hat sich jeder Tag gelohnt!“

Manche Frauen brauchen tatsählich etwas länger, bis ihr Wunschkind zu ihnen findet.

Ich will, ehrlich sein, bei manchen dauert es so lange, dass ich mich darüber sehr ärgere, ja mir manchmal am liebsten ins Knie beißen würde. Eines aber bleibt: Solange das Kind noch nicht da ist, finden wir wirklich immer noch das eine oder andere, woran wir arbeiten können.

Ist das Kind dann endlich da, dann kann ich sie rückwirkend oft noch viel besser erkennen, als „während des Weges zum Kind“, diese Löwenmutter dahinter. All diese Kraft und all diese Liebe, die wir Frauen aufbringen, um letztendlich unsere Kinder dann zu uns zu holen. Das ist die Kraft der Mütter, davor habe ich einen tiefen Respekt und ziehe meinen Hut.

Es ist nicht so, dass wir Kapitel für Kapitel durch unsere Gefühle ackern, um dann bei der Zuversicht zu landen und für immer bei ihr zu bleiben. Das wäre schön, das ist aber nicht so, ich glaube auch nicht, dass das Leben an sich dies für die Menschen vorgesehen hat. Leben bedeutet eigentlich, dass man immer irgendein

Thema hat, den Kontostand, die Speckröllchen, die nächste Familienfeier, die nächste Supervision in der Firma. Zufriedenheit und Zuversicht kommen dazwischen und sie kommen immer wieder. Freuen wir uns also auf jede neue Begegnung mit ihr. Zu wissen, dass sie immer wieder mal vorbeischaut, das sollte uns doch Mut machen, nicht wahr?

Familienerbe

Bisher haben wir immer sozusagen in Kopfnähe an uns gearbeitet.

Wir haben Dinge korrigiert und freigesetzt, an deren „Einsperren“ unser Kopf einen gehörigen Mitanteil trug. Wir haben in unseren Herzen ganz viel Zuversicht wiedergefunden.

Nun ist es Zeit uns die Dinge, die Programme anzuschauen, die tief verborgen in unserer Psyche sind, Dinge und Erfahrungen, die wir ebenfalls in unseren Bäuchen herumtragen können, ohne es je zu ahnen. Dorthin möchte ich euch gerne führen, ich möchte euch einen Zugang schaffen, für alles, was euch als Menschen und Mütter heute ausmachen kann. Ich möchte sie aufzeigen, und natürlich auch wieder Auswege anbieten.

Seit den ersten Seiten dieses Büchleins ahnen wir, dass es ein großes Erbe gibt. Das Erbe unserer Mütter. Wer weiß, vielleicht geht dieses Erbe ja zurück bis direkt zur Urmutter Eva?

So gibt es nicht nur Verhaltensweisen, die wir von unseren Müttern und deren Müttern davor erben, auch ihr Wissen und ihre emotionalen Erfahrungen geben sie an uns weiter. So erben wir sowohl die „guten“ Dinge, als auch die „schlechten“. Es gibt einige Dinge darunter, die, wenn wir sie erben, unsere eigene Empfängnis erschweren. Diese wollen wir uns nun einmal anschauen.

Die beste und wirkungsvollste Methode, dies zu tun ist das systemische Familienaufstellen, oder die Kinderwunschaufstellung. Aber auch in der Hypnose, in der Emotionalkörpertherapie und in Traumreisen ist das gut möglich.

Man schaut sich hier die Emotionen der Mutter an, die der Großmutter, die Emotionen der männlichen und weiblichen Vorfahren.

Es wäre nun müßig, hier die verschiedenen Therapieformen zu bearbeiten. Lasst mich zusammenfassend sagen, dass, sobald wir uns vorstellen in die Vergangenheit zu gehen, und dort auf ein

Problem stoßen und es dann auflösen, diese Vergangenheit sofort aufhört, in uns hier und heute weiter zu wirken.

Warum das so ist, das kann ich euch nicht sagen. Ich kann euch nur versprechen, dass es so ist, denn das ist mein tägliches Handwerk.

Eine ganz entscheidende Rolle spielen hier Dinge, die entweder nicht ausgesprochen wurden, also Unausgesprochenes, sowie unterdrückte Dinge, als auch Dinge, zu denen unsere Vorfahren einfach nicht hinschauen wollten oder konnten. Die häufigsten von ihnen, möchte ich euch hier vorstellen.

Abgelehnte Kinder

Das kann schon mal vorkommen. Manch eine Mutter hat sich nicht auf ihr Kind gefreut. Weil sie vielleicht keinen Partner hatte, weil sie ihr Kind nicht der Armut aussetzen wollte oder weil vielleicht ihrer Ansicht nach ein Kriegsgeschehen kein geeigneter Platz für ein Kind ist. Vielleicht wollte sie ja auch nur selbst noch ein wenig leben, welche Frau aus der heutigen Generation wollte ihr dies verübeln? Ganz bestimmt niemand.

Das Problem ist nur, dass diese Ablehnung noch weit wirkt, sie wirkt auf die Kinder und die Kindeskinder. Es gibt hier also recht komplexe Zusammenhänge, merken wir uns, dass wir alle unerfüllten Sehnsüchte und Ängste unserer Mütter in uns tragen und verifizieren.

Hat also unsere Mutter uns zum Zeitpunkt vor unserer Empfängnis abgelehnt, dann werden wir als Folgegeneration diesen Ablehnungsaspekt erfüllen, und zwar vollkommen an unserem Bewusstsein vorbei. Für den umgekehrten Fall dürfen wir uns auch gerne überlegen, woher denn eine solche Mutter ihr Ablehnungsverhalten her haben mag, denn es setzt sich immer von der Mutter zum Kind fort.

Dies wirkt um so intensiver in uns, umso heimlicher und unausgesprochener diese Ablehnung war.

Was hier hilft ist, wenn wir es einmal aussprechen, wenn wir dort einmal hinschauen, wenn wir es auflösen, es heilen. Das könnte zum Beispiel so gehen:

Stellen wir uns in unserem inneren Bild eine wunderschöne Bühne vor. Darauf stellen wir unsere Mutter in jungen Jahren, genau zu dem Zeitpunkt vor unserer Empfängnis. Sehen wir ihre Ängste, erkennen wir ihre Sorgen, nehmen wir ihre Ablehnung liebevoll an. Wir sollten stets versuchen, unsere Mütter zu verstehen. Wir urteilen nicht, wir verteilen keine Schuldzuweisungen, wir sprechen nur aus, was nie ausgesprochen worden ist, denn wir wissen, für die Heilung unseres eigenen Bauches ist nur dies nötig. Nicht mehr und nicht weniger.

Manchmal kann auch ein ganz reales Gespräch mit der Mutter helfen. Das geht aber nicht immer, und es ist auch nicht nötig. Es genügt, wenn die Angst oder die Ablehnung in unseren inneren Bildern einmal ausgesprochen wurde.

Angst vor Schwangerschaft

Viele Frauen hatten früher Angst vor einer Schwangerschaft. Das ist nicht verwunderlich. Bis noch vor nicht gar nicht allzu langer Zeit galten uneheliche Kinder als Bastarde. Es war eine Schande, geschwängert nach Hause zu kommen. Darüber hinaus halte ich es für durchaus möglich, dass auch die hohe Sterblichkeit von Gebärenden und Neugeborenen von einst noch tiefe Ängste in uns und unseren Müttern erhalten hat.

Um sicher zu sein, dass wir in unserem Unterbewusstsein eine solche Angst nicht vererbt bekommen haben, stellen wir wieder unsere Mütter und Vorfahrinnen auf die Bühne und sprechen ihre Ängste aus. Wir können sie in unsere Arme nehmen, sie trösten. Dann aber sagen wir: „Ich habe großen Respekt vor deinen Ängsten und deinem Schicksal. Ich aber lebe in einer anderen Zeit und habe damit nichts zu tun. Ich wünsche mir Kinder“. Dann verlassen wir die Bühne und gehen wieder zurück zu den Wegen unseres eigenen Lebens.

Abgetriebene Kinder

Unter Umständen können abgetriebene Kinder unserer Mütter ebenfalls unsere eigene Empfängnis blockieren. Es bleibt uns nichts anderes übrig, als auch hier die Dinge in Ordnung zu bringen. Stellen wir unsere Mutter und ihr abgetriebenes Kind auf unsere Bühne, versöhnen wir sie, sagen wir den Kindern, sie seien Bruder oder Schwester für uns, sprechen wir dies aus, am Ende aber sagen wir wieder unseren Satz: „Ich respektiere die Entscheidung meiner Mutter, ich erkenne meinen Bruder, meine Schwester an als das, was sie sind. Ich aber lebe in einer anderen Zeit und habe damit nichts zu tun. Ich wünsche mir Kinder". Dann verlassen wir die Bühne und gehen wieder zurück zu den Wegen unseres eigenen Lebens. Und wenn wir richtig gut sind, dann haben wir noch ein tröstendes Wort für den geschundenen Bauch unserer Vorfahrinnen übrig, wir bedenken, wie schwer Frauen eine solche Entscheidung gefallen sein mag, wie einsam sie waren und wie grausam der Besuch bei einem „Engelmacher" oder einer „Engelmacherin" war. Versuchen wir gerne, einen Teil der dabei verloren gegangenen Würde wieder herzustellen.

Adoptivkinder

Viele von uns haben Mütter, die einst adoptiert wurden. Hier können wir mit großer Wahrscheinlichkeit davon ausgehen, dass es Ablehnungsfaktoren gab. Die können wir nicht brauchen, also lösen wir sie auf, wie unter „abgelehnte Kinder" beschrieben. Wir holen die leibliche Mutter und die Adoptivmutter auf die Bühne. Schauen wir, welch einen Schmerz eine Frau haben muss, die sich gezwungen sieht, ihr geliebtes Baby abzugeben. Trösten wir diese leibliche Mutter, trösten wir das Kind. Eine Trennung von Mutter und Kind bedeutet in unserem Unterbewusstsein immer einen ganz, ganz großen Schmerz. Wer in systemischen Aufstellungen oder in der Hypnose einmal eine leibliche Mutter mitten in ihrem Trennungsschmerz erlebt hat, der ist wohl davon so berührt, dass er es nie wieder vergisst. Gehen wir hier mit all unserer Liebe heran, machen wir keinesfalls den Fehler, hier irgendwelche Schuldzuweisungen zu hegen. Bringen wir in Ordnung, was in Ordnung zu bringen ist. Meist ist die Aussöhnung der leiblichen Mütter mit der Adoptivmutter und das Anerkennen ihres Schmerzes das wichtigste Element. Schön ist es, wenn die leibliche Mutter ihr Kind selbst und in Würde an die Adoptivmutter geben kann, wenn sie es ihr in unseren inneren Bildern verantwortungsvoll und aus lauter Liebe zum Kind in Anerkennung „überträgt". Stellen wir sicher, dass es hier nichts Verheimlichtes oder Unterdrücktes mehr gibt, das weiter in uns und durch uns wirken kann.

Verluste

Jedes verstorbene Kind in unserer Familienlinie, sei es zu früh geboren, sei es unter der Geburt gestorben, oder danach, verdient seine Anerkennung als Mitglied der Familie. Hinschauen ist hier gemeint, Anerkennung und eine angemessene und akzeptierte Trauer der Mutter um ihr Kind. Das gilt auch für jede noch so frühe Fehlgeburt. Hat dies in der Familiengeschichte irgendwann einmal nicht stattgefunden, dann wird es uns Müttern hier und heute Probleme bereiten. Ihr spürt sicherlich, wie ich hier gerade mal wieder recht vehement werde. Ich kann es wirklich nicht deutlich genug sagen. Diese Dinge gehören in Ordnung gebracht. Wenn hier auch vielleicht der Kopf streiken mag, das darf er meinetwegen, aber dennoch kann man ja in seinen inneren Bildern Ordnung schaffen. Immer zuerst die Dinge in Ordnung bringen, und sich dann davon entfernen.

Es gibt auch Verluste ganz anderer Art. Zum Beispiel, wenn ein Vater unserer Linie einst zu seinem Sohn sagte: „Du bist nicht mehr mein Sohn!“, manchmal erlebe ich auch, dass Väter ihre im Krieg gefallenen Söhne nie mehr mit einem Wort erwähnen. Das ist kein gutes Erbe und sollte von uns aufgelöst werden.

Unbekannte Geschwister

So selten war das früher gar nicht. In einer Zeit, in der so ziemlich alles verboten war, da tat man die Dinge eben heimlich. So kann es sein, dass eine unserer Großmütter vielleicht unbekannte Geschwister hatte. In den Aufstellungen begegnen sie uns dann wieder, so als wären sie wie ein Kochlöffelchen einfach an uns weitergegeben worden. Auch im Kriegsgeschehen finden wir dies oft. Soldaten hatten Kinder sowohl mit der eigenen Frau als auch mit einer weiteren aus der Kriegsgegend. Ehefrauen waren lange allein und waren hinterher genötigt, so manches Kuckucksei dann ihrem eigenen Mann unterzuschieben. So oder so ähnlich kann es sein. Auf welche Geheimnisse wir auch immer stoßen, auf unserer Bühne der Familiengeschichte; mit unseren inneren Bildern haben wir ein vielleicht zwar wunderliches, doch aber sehr wirkungsvolles Werkzeug, alle Geheimnisse ans Licht zu bringen, und die eingesperrten Wörter und Emotionen zum Ausdruck zu bringen. Somit erlösen wir uns selbst aus diesen nicht erwünschten Erbstückchen.

Es ist dann ein wenig so, als würden unsere „verheimlichten“ Vorfahren, Angelegenheiten, Gefühle erst in dem Moment Ruhe finden, in welchem sie Anerkennung erfahren, in dem sie versöhnt sind, und erst dann hören sie auf, in unserem Unterbewusstsein herumzunörgeln. Dann können wir respektvoll vor unserer Vergangenheit salutieren, uns umdrehen und wieder unsere eigenen Wege gehen. Diesmal ohne die unbekannten Bürden unserer Vorfahren.

Geheimnisse

Wann immer Vorfälle oder Gefühle unterdrückt, nicht gewürdigt oder verheimlicht werden, so ist dies für mich ein Grund, diese Dinge ans Tageslicht zu bringen, und sie aufzulösen. Das kann natürlich alles Mögliche sein, hier nur einige weitere typische Dinge, die heute und in uns selbst blockierend wirken können, oder aber nach der Erfüllung des Schicksals verstorbener oder lebender Vorfahren: Der Wunsch nach einem Mädchen oder Jungen, der nicht erfüllt wurde, Lügen, Betrug, Tod im Wochenbett, religiöser Fanatismus, heimliche Liebhaber, Mutterkonflikte. Oder aber auch Traumen in der Familie, wie sexuelle Übergriffe, Vergewaltigung, Krieg, Mord, Selbstmord, früher Tod eines Elternteils, Evakuierung, Flucht, Judenverfolgung. Solche Dinge löst man in der systemischen Aufstellung auf.

Die Heilung des inneren Kindes

GEHEN WIR DIESEN Weg doch gerne weiter. Wenn wir uns darüber im Klaren sind, dass bereits schon in unserem Geburtserlebnis all diese hinterlistigen kleinen ungewollten Erbstücke zur Wirkung kommen können, dann ist es eine spannende Vorstellung, sich nun vorzustellen, wie unsere eigene Geburt vielleicht stattgefunden und sich angefühlt hätte, hätten wir sie schon damals ohne unser Familienerbe erleben dürfen.

Wichtig ist das Erleben der eigenen Geburt allemal, denn auch im Erleben unserer gesamten Kindheit können sich Blockaden verstecken, die unserer eigenen Empfängnis dann im Wege stehen oder sie erschweren. Unsere eigene Geburt ist nicht nur der Anfang dessen, sie ist auch die wichtigste Etappe. Sie ist unser aller Anfang.

Geburtstrauma

Sehr, sehr viele Menschen tragen ein Geburtstrauma in sich. Das ist nicht nur sehr traurig, es ist meist auch komplett überflüssig. Sicherlich, eine Geburt ist zumeist ein sehr anstrengendes und beeindruckendes Ereignis. Zu einem Trauma kommt es aber erst dann, wenn unter der Geburt Mutter oder Kind oder gar beide an einen Punkt der Angst kommen oder an einen Punkt, an dem sie aufgeben, an dem all ihre Zuversicht sie verlässt. So kann man nicht einfach nur anhand der Länge und der „Schwere“ einer Geburt beurteilen, ob ein Trauma wahrscheinlich ist. Die emotionale Verfassung von Mutter und Kind sind hier mit einzubeziehen, und eine Einschätzung kann man daher nur schwer geben.

Um zu verstehen, wie ein Geburtstrauma entsteht, mag es interessant sein, wie sich ein Kind unterhalb der Geburt wohl fühlt. Ich möchte euch hier ein Beispiel aus der Praxis schildern:

Es kommt ein Mann in den besten Jahren in meine Praxis. Er leidet an vegetativer Dystonie. Das bedeutet, dass er irgendwo und irgendwann plötzlich von einer für ihn unerklärlichen Angst befallen wird. Diese ist dann so schlimm, dass er schon einige Male mit der Feuerwehr ins Krankenhaus befördert wurde unter dem Verdacht eines Herzinfarktes. Es war aber niemals ein Herzinfarkt. Die Symptome waren nur sehr ähnlich.

Ich bringe ihn in eine tiefe Entspannung und führe ihn zurück unmittelbar vor die Zeit seiner eigenen Geburt. Er schildert mir sein Gefühl, er fühlt sich gut, es sei, wie in einem riesigen lauwarmen Ozean zu schwimmen, er fühlt sich geborgen und gut beschützt im Bauch seiner Mutter.

Dann aber wird es auf einmal eng. Sein Kopf beginnt in regelmäßigen Abständen gegen einen harten Widerstand zu drücken. Das macht ihm Angst. Und er mag das nicht.

Um ihm zu helfen, bitte ich ihn, seine Mutter anzuschauen, mit ihr Kontakt aufzunehmen. Er beschreibt mir genauestens den Kreißsaal und er sagt, die Heizung wäre ausgefallen, es ist sehr kalt und seine Mutter friere. Die Kälte macht ihr eine körperliche Entspannung unmöglich. Die Muskulatur seiner Mutter zieht sich zusammen. Das Drängen gegen seinen Kopf lässt zunächst nach. Es ist nur weiterhin sehr, sehr eng. Er empfindet so etwas wie eine vorgeburtliche Platzangst.

Er bemerkt, wie eine Ärztin den Kreißsaal betritt. Diese schaut kopfschüttelnd auf seine Mutter und sagt: „Na, wenn das mal bloß was wird!“

Der Mutter wird Angst und Bange. Dem Kind ebenfalls und unser kleiner Junge legt vor Schreck den Kopf schief. Ab diesem Moment kann er keinen Kontakt mehr zur Mutter herstellen.

---

[2] Als „Rebirthing“ bezeichnet man verschiedene psychologische Therapien, bei denen man besondere Geburtsvorkommnisse und –traumen bewusst macht und dann auflöst. Symptome und Krankheiten, die in einem unmittelbaren Zusammenhang mit dem Geburtserlebnis stehen, kommen so in die Heilung.

Ich halte meinen Patienten an den Händen, sage die magischen Worte: „Mama ist da, Mama ist die ganze Zeit bei dir!".

Das beruhigt ihn soweit, dass er mir weiter seinen Zustand beschreiben kann. Er bekommt Kopfschmerzen, so als würde ein zu enger Topf schief über seinen Kopf gestülpt. Das Herz beginnt zu rasen, kalter Schweiß bricht ihm aus. Sein linker Arm wird taub, in den Ohren trommelt es. Ein schweres Gewicht liegt auf seiner Brust, er bekommt eine Brustenge und akute Atemnot.

Doch das schlimmste von allem ist diese Angst. Eine Angst im Geburtstrauma ist keine Angst im herkömmlichen Sinne, diese Angst ist immer eine Wahnsinnsangst. Es ist nicht, die Angst zu sterben, nicht die Angst verletzt oder verlassen zu sein, nicht in diesem Moment. In diesem Moment ist es die größte Angst vor einer großen Unbekannten, die ein Mensch sich nur vorstellen kann, und man erlebt sie mutterseelenallein.

Dazu kommt das Gefühl: "Das kann ich nicht schaffen. Ich habe keinen Raum hier, ich weiß, ich muss vorwärts, aber es geht nicht. Es geht nicht vor und nicht zurück." In meinem Patienten kommt Panik auf.

Der Raum wird immer enger. Er befindet sich in einem Tunnel. Hier ist es plötzlich ganz dunkel und alle körperlichen Symptome sind noch vorhanden.

Wieder sage ich die Zauberwörtchen: „Deine Mama ist da, sie ist die ganze Zeit bei dir. Bitte dreh dich jetzt einmal soweit um, bis du irgendwo eine Stelle findest, an der es heller ist".

Er dreht sich, findet dort eine hellere Stelle, er bewegt sich auf sie zu, aus der hellen Stelle wird ein helles Fenster.

Ich erkläre ihm, dass dies sein Ausgang ist, dass draußen schon Mama und Papa warten. Er bewegt sich tapfer zum Ausgang, plumpst schließlich ins Leben. Und hat endlich seinen Kontakt zu seiner Mutter wieder. In ihren Armen kann er endlich Ruhe und Geborgenheit finden.

Es gibt einen zauberhaften Tanz zwischen Mutter und Kind. Der ist immer da. In der Zeit vor der Empfängnis, in der Schwangerschaft, und er hält vermutlich bis über unseren Tod hinaus an. An keiner Stelle im Leben ist dieser Tanz so zerbrechlich, so empfindsam wie unter einer Geburt. Die alten, erfahrenen Hebammen wissen noch um ihn. Sie wissen noch, dass dieser Tanz niemals unterbrochen werden darf, dass der Kontakt zwischen Mutter und Kind in jeder einzelnen Sekunde der Geburt erhalten und geschützt werden muss.

Die alten Hebammen sterben aus. Und die Folgegenerationen der Inquisition liefern uns eine fortschrittlich medizinische Geburtshilfe mit allen Schnickschnacks und lebensrettenden Möglichkeiten. Den alten Tanz aber kennen sie nicht, und können ihn daher nicht schützen. Das können immer nur wir selbst. Ich bin oft so richtig wütend darüber, was so manch einer Frau, so manch einem Kind im Kreißsaal alles widerfahren kann und aus dieser Betroffenheit heraus nutze ich diesen Raum, um jede Frau dazu anzuhalten immer und ständig den Kontakt zu ihrem Kind aufrechtzuerhalten, ganz besonders während der Geburt! Und noch einmal, weil es so wichtig ist: *Ganz besonders während der Geburt!*

Was unserem armen Mann wiederfahren ist, das ist leider gar nicht so selten. Über vierzig Jahre war er mit seiner „vegetativen Dystonie“ durchs Leben gelaufen, sein Verhältnis zu seiner Mutter war als ganz prima und liebevoll zu bezeichnen, er fühlte sich immer umsorgt und geliebt. Nur in diesem kurzen Moment, als sie abgelenkt war von den Wehen, der Geburtsarbeit an sich, wo sie auf den Kommentar der Ärztin hin einen Schrecken, Angst bekam, da war das Band zwischen Mutter und Kind für kurze Zeit gerissen. Und das reichte aus, für etliche Herzinfarktsverdachte, für unzählige panische Momente, die dieses Kind als erwachsener Mann noch durchmachen musste. Immer wieder kamen die Symptome zurück, die er unter seiner Geburt durchmachen musste.

Jetzt sind sie weg. Nach dieser Hypnose, die übrigens eine Art des Rebirthings[2] war, kam er meines Wissens nie wieder in ein

Krankenhaus, die Symptome waren anfangs schwächer, dann sagte er sich immer wieder: „Mama ist da und ich werde durch meinen Ausgang gehen.“ So verschwanden all seine Symptome dann allmählich ganz.

Die Möglichkeiten für ein Geburtstrauma sind unzählig. Nicht immer zeigen sich die Symptome so klar und deutlich. Es sind so viele, dass das Geburtstrauma eigentlich ein eigenes Buch verdiente.

Die Auswirkungen eines Geburtstraumas gehen immer in die gesamte Persönlichkeit. Immer auch in die Körperhaltung und Lebenshaltung.

Ein Geburtstrauma kann sich schnell einstellen. Und ohne gezielte Hilfe kann es ewig bleiben. Erlebt eine Mutter ein Geburtstrauma, dann vererbt sie dieses zumeist unter der Geburt auch an ihr Kind. Ihr seht, dies ist ein großes und wichtiges Thema.

In einem Seminar von 12 Personen finde ich im Schnitt zwei bis vier Menschen mit einem echten Geburtstrauma. Ich erkenne es an den Bildern, die sie malen. Es gibt darüber hinaus aber noch etliche Anhaltspunkte, an denen man das Vorliegen eines solchen Traumas erkennen kann. Letztendlich geben Hypnose oder Emotionalkörpertherapie hier dann die klare Antwort.

Ein Mensch, der schon vor dem eigentlichen Eintritt in dieses Leben seinen Lebensmut verliert, der das Vertrauen in die Verbindung mit seiner Mutter verliert, der lässt bei dieser, seiner Geburt einige Dinge auf der Strecke, die er heute eigentlich gut gebrauchen könnte. Es fehlt ihm an Lebensmut, an Selbstvertrauen. Betroffene sagen von sich oft:

Ich habe keine Ausstrahlung.
Ich werde oft übersehen.
Ich habe keinen Raum
Ich habe Prüfungsangst.
Ich habe Wahnsinnsangst.
Ich kann manche Dinge einfach nicht schaffen.

Ich kann sie nicht zu Ende bringen.
Manchmal überkommt mich eine so tiefe Verzweiflung, und ich weiß gar nicht, wo sie herkommt.
Ich gebe auf.
Ich werde nicht gehört, nicht beachtet.
Ich habe keine Luft.
Ich komme im Leben nicht vorwärts.

Das sind einige seelische Aspekte.

Hinzu kommen alle körperlichen Symptome, die, wenn sie uns unter der Geburt begegnen, sich auch immer wieder einfach in unser Leben mogeln. Herzrasen, Kreislaufprobleme, Angst, Persönlichkeitsstörungen, Kopfschmerzen, Zittern, Schweiß, Atemnot, Beklemmung um nur einige zu nennen. Schlimm finde ich, dass diesen Menschen viel von ihrem Selbstbewusstsein verloren geht, wenn ihnen so früh schon das Vertrauen ihrer Mütter entzogen wird.

Einmal habe ich ein Seminar in einem der neuen Bundesländer gegeben. Dort hatten alle Seminarteilnehmer ein Geburtstrauma! Auf der Rückfahrt im Auto habe ich mich dann gefragt, ob es nicht auch im Sinne eines bestimmten Staates, eines totalitären Regimes ist, Mutter und Kind frühzeitig zu trennen. Man kann so schließlich die Menschen viel besser in staatlichem Interesse formen. Ob das so ist, das weiß ich nicht, aber allein die Vorstellung davon ließ mich den ganzen Weg bis nach Hause Rotz und Wasser heulen.

Ich habe das immer im Blick, wenn ich mit Menschen arbeite. Und ich hole sie da heraus, wo immer ich kann.

Ihr könnt das aber auch selbst tun. Wenn ihr ein ruhiges Örtchen gefunden habt, an dem ihr mal wirklich Muße habt, dann könnt ihr euch dorthin begeben: In den kuscheligen Uterus. Mitten rein in das wunderschöne ozeanische Gefühl, das wir alle im Mutterleib genießen durften. Stellt euch eure Geburt vor. Kümmert euch nicht um das, was euch von eurer Geburt erzählt wurde. Nehmt das an, was euch an Bildern hochkommt. Eines macht ihr heute anders als früher: Ihr stellt euch vor, dass die Hände eurer Mutter euch halten und nie, nie, nie mehr loslassen. Sie flüstert euch unentwegt zu: Ich bin da und ich bleibe da, egal, was auch passiert". So entstehen alle Eindrücke neu und schon viel heiler, als sie damals waren. Wenn ihr glaubt, dass dies eine zu harte Reise wird, dann lasst euch von einer Freundin oder einer Therapeutin dabei begleiten.

Und wenn ihr später selbst entbindet, dann flüstert ihr die Zauberwörtchen euren Kindern zu. In euren inneren Bildern nehmt ihr ihre kleinen Händchen, ihr lasst sie nicht los, egal ob Komplikationen oder Kaiserschnitt, ihr lasst sie nicht los. Ihr steht an jedem Punkt euerer Entbindung euren Kindern mutmachend und beschützend zur Seite, egal was draußen auch passieren mag. Und wenn euer Baby dann geboren ist, dann greift ihr als erstes zu, behaltet sie drinnen im uralten Tanz von Mutter und Kind. Eure Kinder werden es euch danken. Und ihr euch auch, denn nichts lässt sich leichter aufziehen als ein Kind mit unverletzten Gefühlen.

Ein Geburtstrauma kann uns einiges an Gesundheit oder Lebensqualität kosten. Allein schon hierfür wäre es vernünftig, bei jedem Menschen zu schauen, ob Trauma oder Ängste vorhanden sind.

Im Kinderwunsch nimmt das Geburtstrauma deshalb einen so hohen Stellenwert ein, weil es die Empfängnis erschweren oder verhindern kann. Dies kann mindestens zwei Gründe haben: Wir identifizieren uns mit der Mutter und fürchten im Unterbewusstsein eine Entbindung. Oder aber, wir sind so sehr in Sorge um unsere Wunschkinder, dass wir ihnen eine solche Erfahrung einfach ersparen möchten.

Hier hilft nicht reden oder sich einreden, hier können wir nur Abhilfe schaffen, indem wir unser eigenes Geburtserlebnis im Nachhinein heil werden lassen, indem wir die Verbindung von Mutter und Kind wieder aufrecht stellen. Die Verbindung ist es, die uns im Vertrauen hält, die uns gesund erhält, egal, wie real eine Entbindung auch gewesen sein mag.

Ein Geburtstrauma sitzt immer auch in unseren Bäuchen. Das erleben wir häufig, wenn wir innerhalb der Fruchtbarkeitsmassage dann liebevoll die Bäuche der Frauen massieren, unsere Hand schützend auf der Bauchdecke über die Gebärmutter legen. Das ist ein Moment, in dem oft alle in ihr gespeicherten Gefühle hochkommen. Die Tränen der Frau fangen an zu fließen, und es kann sein, dass sie sagt: „Ich glaube, das sind nicht meine Tränen, sondern die Tränen meiner Gebärmutter". Dann halten wir unsere Hände weiterhin schützend, wir sagen: „Wir sind da" und warten ab, bis die Gebärmutter alles loswerden konnte, was sie mag. Dies geschieht übrigens wenn, dann nur bei der ersten Massage, es ist dann, als würden wir der Gebärmutter das aller erste Mal wirklich begegnen und sie ganz sacht und unmerklich aus ihrem Schneewittchenschlaf wieder aufwecken.

Wir merken uns hier gerne mal, dass unser Bauch es liebt, wenn wir ihm schützend die Hände auflegen. Das darf auch gerne mal unser Partner sein.

Kindheitserlebnisse

Wann immer wir in unserer Kindheit vielleicht einmal sehr traurig waren, oder einen großen Schreck bekommen haben, und ganz besonders dann, wenn wir vielleicht noch nicht verstehen konnten, weshalb wir so fühlen, dann kann es sein, dass sie noch in uns wirken.

Wenn ein kleines Mädchen erlebt, wie der Vater sich von der Mutter trennt, dann kann es sein dass sie daraus einen Glaubenssatz macht: Wenn ein Kind kommt, dann verlässt der Vater die Mutter. Oder aber, sie hat Angst, dass die Mutter sie nun auch verlassen könnte, und besteht darauf, dass sie zu klein ist, um auch von der Mutter allein gelassen zu werden. Die Folge könnte dann sein, dass sie später zwar zur Frau heranreift, aber nur zu 95 %, die anderen 5 % in ihr, die bleiben klein, und können nicht selbst Mutter werden. Und zwar solange, bis das einstige Problem aufgelöst wurde.

Stellen wir uns an die Seite derer, die wir selbst einst waren, so wie ein Schutzengel stehen wir tröstend zur Seite der kleinen Mädchen in uns, erklären wir und sagen wir: „Das ist nur einmal passiert, und es passiert nicht wieder. Wenn du einst Kinder hast, dann bleibst du ihre Mutter für immer. Und auch, wenn ein Vater gehen sollte, so sind doch immer Menschen da, die deinem Kind ihre Liebe schenken können."

Aus Töchtern werden Mütter

Dies ist auch ein wichtiges Thema, und ich treffe es recht häufig an.

Das Prinzip ist ähnlich, wie bei den Kindheitserlebnissen. Es kommt darauf an, dass nicht ein kleiner Teil von uns in der Vergangenheit „stecken" bleibt, dass nicht falsche Glaubenssätze in uns wirken.

Eine meiner Patientinnen ist als kleines Mädchen nachts aufgestanden und hat sich, halb schlafwandlerisch, so im Haus verirrt. Sie konnte in diesem Zustand einfach nicht mehr in ihr Bettchen zurückfinden. Ihre Mutter fand sie am nächsten Morgen im Keller. Mutterseelenallein und vollkommen verängstigt. Jahre später findet sie in der Entspannung dieses Erlebnis wieder und spürt, dass ein kleiner Teil von ihr noch immer ängstlich in diesem Keller sitzt. Wir stellten nun im Nachhinein dem kleinen Mädchen die erwachsene Frau an die Seite, einer großen Schwester gleich. Diese nahm die kleine an die Hand, in ihre Arme, tröstete sie, erklärte ihr, was geschehen war, sie nahm endlich wahr, wie groß und fürchterlich die Angst war, mit der die „Kleine" eine ganze Nacht im Keller verbracht hatte. Durch diese Aussöhnung konnte nun auch das „kleingebliebene" Mädchen endlich zur Frau heranreifen. Aus dieser Tochter ist inzwischen übrigens eine zweifache Mutter geworden.

Ein noch größeres Risiko, in der eigenen Kindheit „stecken" zu bleiben, bietet uns unsere Pubertät. Hier kann es sein, dass ein Konflikt mit Mutter oder Vater uns so sehr in Anspruch nehmen, dass z.B. ein trotziger Teil in uns bis heute damit beschäftigt ist.

Oft benehmen sich die betroffenen Frauen zunächst ganz unauffällig, in der Konfliktlösung jedoch, führen sie sich auf, wie ein Backfisch. Trotz ist hier oft ein großer Indikator. Dieses Benehmen kann in großem Kontrast zu allen anderen Charaktereigenschaften dieser Frau stehen.

Nehmen wir zum Beispiel eine junge Akademikerin. In ihrem Beruf ist sie außerordentlich erfolgreich. Sie ist es gewohnt, mit Geschäftsfreunden essen zu gehen, sie führt ein gepflegtes Haus, kurz und gut, es stimmt eigentlich alles, sie weiß absolut, wie man sich benimmt. Im Konflikt jedoch verändert sich dies. Es scheint dann, als sei sie nicht 30 sondern 13. Der Kopf senkt sich angriffslustig, Zornesröte steigt ihr ins Gesicht, sie ist keinen Argumenten mehr wirklich zugänglich, sie ist laut, wütend, trotzig und wirft, als sie nicht weiterkommt, dann mit Tassen um sich und verlässt das Zimmer.

Sie weiß, dass dies nicht in Ordnung ist, und kommt zu mir, um da wieder hinauszufinden. In der Entspannung gehen wir noch mal dorthin zurück wo diese Wut das erste Mal auftrat. Sie erlebt sich als 13–Jährige. Der Vater verlässt die Mutter wegen einer jüngeren und attraktiveren Frau. Meine Patientin macht ihrer Mutter große Vorwürfe, sie wirft ihr vor, sie hätte sich gehen gelassen, sie glaubt, wenn die Mutter sich mehr bemüht hätte, dann wäre der Vater geblieben. Mehr noch: Sie empfindet, dass sie selbst als Person ebenfalls schön und attraktiv genug ist, damit ihr Vater bleiben müsse.

Doch weder Mutter noch Vater beugen sich diesen ihrer Argumente. Die 13-Jährige kann sich nicht durchsetzen, der Vater geht trotzdem, und ihr bleibt nichts übrig, als all ihre Wut an ihrem alten Spielzeug auszulassen, dass sie durchs Zimmer zu werfen beginnt.

Wir stellen die erwachsene Frau dem jungen Mädchen an die Seite, wir trösten, wir erklären, wir bringen die Dinge in Ordnung.

Im Laufe der Zeit änderte sich auch das Konfliktverhalten meiner Patientin, und wunderbarerweise stellte sich auch bald nach der Sitzung eine Schwangerschaft ein. Aus der Tochter war endlich eine Mutter geworden. Halten wir dies bitte fest: Um schwanger zu werden, müssen wir von der Tochter bereits zur Mutter geworden sein.

Eine andere Variante stellen die sogenannten Kindfrauen dar. Man möge mir bitte diese Bezeichnung verzeihen, sie beschreibt aber am ehesten, was ich erklären möchte. Dies sind Frauen, die sich bis ins hohe Alter noch eine ganz kindliche Ausstrahlung bewahren. Im Aussehen erinnern sie mich immer an kleine Kinder. Sie zeichnen sich auch dadurch aus, dass sie kleine Kinder ganz besonders gut verstehen, und oft haben sie auch einen Beruf gewählt, in dem sie kleineren Kindern zur Seite stehen. Erzieherinnen und Grundschullehrerinnen, Kinderkrankenschwestern, und mit ihrer ganz besonderen Sensibilität auch einige Hebammen.

Dies alles muss nicht zusammen vorhanden sein, es sind lediglich einige Anhaltspunkte. Letztendlich kann man eine „Kindfrau" ohne eine einzige dieser Auffälligkeiten sein.

In der Arbeit im Unterbewussten jedoch finden wir das verletzte Kind wieder. So, wie das kleine schlafwandelnde Mädchen, so, wie unsere pubertierende Teenagerin. Anders ist hier die Position, in die sie sich begeben haben, denn sie sind nicht das kindliche Opfer, sondern haben sich vielmehr aus der Opferrolle in die Beschützerin erhoben.

Solange diese Rolle nur unterbewusst gelebt wird, stellt sie ein arges Hindernis für unsere eigene Empfängnis dar, denn hier muss man zunächst den „Vorfall" suchen, das Ereignis, welches diese Frauen zunächst zum Opfer werden ließ. Es ist also eine Etappe mehr aufzulösen, und man bewegt sich dabei rückwärts.

Hier suchen wir den Moment im Leben, in dem diese Frau entschieden hat, in die Beschützerrolle zu gehen, gleich dahinter finden wir unser Ereignis, welches den Anlass dazu gegeben hat, es wird höchstwahrscheinlich ein Kindheitserlebnis sein. Diesmal gehen wir *bewusst* in die Beschützerrolle und schauen, dass unser inneres Kind nun zur erwachsenen Frau und Mutter nachreifen kann.

Mutterkonflikte

90 % meiner Patientinnen geben an, einen Mutterkonflikt zu haben.

Das ist nicht wenig. Das sollte ebenfalls aufgelöst werden.

Es ist vollkommen klar, dass keine Mutter ein Kind aufziehen kann, ohne dabei auch irgendwann mal einen Konflikt zu leben. Das ist normal, und es ist sogar richtig so.

Problematisch wird es aber, wenn wir in uns Vorbehalte gegen unsere Mütter hegen, wenn es tief in uns doch unversöhnliche Teile und Emotionen gegen unsere Mütter gibt.

Die möglichst vollkommene Anerkennung unserer leiblichen Mütter ist die Vorraussetzung dafür, dass wir uns selbst als Mütter anerkennen!

Mit dieser Anerkennung ist wieder die unseres Unterbewusstseins gemeint.

Wir müssen das also unterscheiden, ob es uns nervt, dass unsere Mutter noch immer die Nase darüber rümpft, ob wir in unserer eigenen Wohnung Staub gewischt haben oder aber nicht, oder ob wir tief in uns einen Groll gegen sie hegen, weil sie den Vater nicht im Haus halten konnte, weil sie uns kein Geschwisterchen geschenkt hat oder sogar zu viele davon, weil sie uns nie oder zu früh hat erwachsen werden lassen.

Die Liste der möglichen Mutterkonflikte ist ellenlang! Hierzu gehören auch heimliche Vorwürfe und Vorfälle, Defizite, Geheimnisse, unterlassene Anerkennungen, hier nur wenige Beispiele:

Mütter, die Jungs den Vorrang gegeben haben,
Mütter, die uns nicht haben wollten,
Mütter, die zu viele Kinder haben wollten,
Mütter, die zu wenig Karriere gemacht haben,
Mütter, die zu viel Karriere gemacht haben,
Mütter, die zuwenig weiblich waren,
Mütter, die viel zu weiblich waren,
Mütter, die unglücklich waren,
Mütter, die ihren Körper versteckten,
Mütter, die ihre Kinder vernachlässigt haben,
Mütter, die ihre Kinder „überbemuttert" haben,
Mütter, die zu selten gelacht haben,
Mütter, die ihre Männer nicht gehalten haben,
Mütter, die ihre Männer nicht bei sich behalten konnten,
Mütter, die zu schwach waren, uns zu beschützen,
Mütter, die Alkoholikerinnen waren,
Mütter, die depressiv waren,
Mütter, die „leichte Mädchen" waren,
Mütter, die in unserer Gegenwart zu viel geraucht haben,
Mütter, die uns zu früh oder zu spät erst losgelassen haben,
Mütter, die uns verlassen haben,
Mütter, die uns zu viel oder zu wenig vertraut haben,
Mütter, die ihre Weiblichkeit abgelehnt haben,
Mütter, die uns zu Menschen ihrer eigenen Vorstellung erziehen wollten.

Ihr seht, unbewusste Vorbehalte gegen die eigene Mutter können auch sehr profan sein. Dennoch wirken sie in uns. Um hier heraus zu gelangen, verändern wir nicht unsere Mütter, sondern unsere innere Einstellung zu Ihnen.

Nehmen wir das Beispiel einer jungen Frau. Als sie in der Pubertät war, ließ ihre Mutter ein Baby abtreiben. Das junge Mädchen ist stocksauer auf ihre Mutter, tief in sich glaubt sie, dass sie und ihre Geschwister ihrer Mutter hätten helfen können, dieses abgetriebene

Kind großzuziehen. Das sah die Mutter natürlich ganz anders. Das junge Mädchen aber empfindet all ihre mütterlichen Qualitäten entwürdigt. Dies kommt dem Glaubenssatz nahe: „Ein Kind aufziehen, nein, mein Kind, das kannst du noch nicht". Solange hier keine innere Versöhnung stattfindet, wird dieser Glaubenssatz in der jetzt erwachsenen Frau weiterwirken können. Auf der Bühne unserer Emotionen ist dieser Glaubenssatz zu erneuern in „*Mein* Kind aber werde ich aufziehen können!", die Verantwortung für das Geschwisterchen muss an die Mutter zurück gegeben werden, damit der eigene Bauch nicht mehr schwanger mit ihm geht, und der Anteil des kleinen pubertierenden Mädchens endlich auch zur Mutter heranreifen kann.

Schwiegermütter

Buhlten wir einst mit unserer Mutter um unseren geliebten Vater, so kann sich dies ändern, sobald wir heiraten. Dann kann es Gerangel geben von Frau und Schwiegermutter um den geliebten Mann und Sohn. Schwiegermutterprobleme sind fester und mit Humor belegter Bestandteil unserer Gesellschaft. Von außen betrachtet sind sie vielleicht witzig, nicht aber, wenn man sie selbst leben muss.

Wie vielfältig sich auch diese Probleme zeigen können! Damit wir selbst frei sind von unseren Schwiegermüttern, ist es wichtig, dass wir sie anerkennen, und sie uns. Wenn das im realen Leben mal nicht so gut geht, dann arbeiten wir halt im Unterbewusstsein daran.

Real wäre es eine gute Position, die Beziehung zur Schwiegermutter nicht nur über den Partner oder Ehemann zu leben, sondern ganz direkt, so dass diese Beziehung eine eigene für uns wird.

Ich erlebe Schwiegermütter, die mischen sich ganz klar viel zu sehr in das Leben ihrer Söhne ein, das wird zu einem ganz besonderen Kunststück im ländlichen Raum, wo es oftmals noch üblich ist, ins Haus oder den Hof des Mannes oder dessen Eltern zu ziehen.

Ich erlebe Schwiegertöchter, die sich viel zu wenig als eigene Frau behaupten.

Ich erlebe aber auch Frauen, die finden ihre Schwiegermütter so supertoll und finden, dass sie so einen wunderbaren Sohn aufgezogen hat, dass sie glauben, dass sie selbst niemals so gute Mütter werden sein können.

Wir sehen, nichts ist hier unmöglich. Wir wissen, wir können sie nicht einfach abschaffen unsere Schwiegermütter, es scheint auch ein Ding der Unmöglichkeit zu sein, unsere Partner in eine solidarische Position zu verfrachten, sehr wohl aber können wir sicherstellen, dass dem mütterlichen Anteil in uns nicht auch nur ein Krümelchen Anerkennung vorenthalten oder gar geschwächt oder genommen wird.

Gehen wir auf die große Bühne unserer Emotionen, stellen unsere Schwiegermutter darauf, und sagen wir ihr doch mal alles, was wir ihr schon lange mal sagen wollten:

„Mein Haus ist nicht so sauber, wie deines, deshalb bin ich aber eine gute Frau und Mutter"

„Ich kann die Rouladen nicht so gut kochen, wie du, dafür aber werde ich Grünkernauflauf für meine Kinder zubereiten"

„Ich bügle keine Hemden, und meinen Kindern kaufe ich bügelfreie Bodys"

Es gibt manchmal eine tiefe Angst in uns Frauen. Sie rührt daher, dass eine Schwiegermutter ihren Sohn für „immer" hat, uns aber kann er weglaufen, sollten wir uns mal so richtig streiten oder gar trennen.

Nehmen wir all dies dann mit auf unsere Bühne. Schauen wir unsere Schwiegermutter an, und spüren wir, wie einsam sich eine Frau wohl fühlen mag, wenn die Kinder eines Tages aus dem Haus gehen. Sehen wir, wie viel sie wohl umlernen muss, um die Liebe zu ihrem Sohn richtig zu platzieren, und verzeihen wir ihr den einen oder anderen Patzer. Transformieren wir unsere Gefühle zu ihr. Schmettern wir ihr jeden unserer heimlichen Vorwürfe ins Gesicht, so lange, bis wir uns besser fühlen, aber dann schauen wir, wie es ihr gehen mag, und verstehen, dass wir alle in einem Boot sitzen, dass wir ein und dieselbe Person lieben, jede auf ihre Art und Weise. Erkennen wir ihre Weise an. Nehmen wir sie doch mal in die Arme, erkennen wir sie als Mutter an, sagen wir „Du hast einen wunderbaren Sohn großgezogen“, und erkennen wir danach sofort auch unsere eigenen Qualitäten als Mutter an, wenn wir gut sind, bringen wir es soweit, dass auch unsere Schwiegermütter uns ihren Segen als Mutter gibt.

Glaubenssätze

So manche von uns hat sich im Laufe ihres Lebens regelrechte Glaubenssätze einfangen dürfen:

> „Na, werde du mal groß, dann wirst du sehen, wie schwer es ist, Kinder aufzuziehen.“
>
> „Wenn du so weitermachst, dann wirst du niemals Kinder haben!“
>
> „Wenn du mal deine Kinder so behandelst, wie deine Püppi, dann bist du aber eine schlimme Rabenmutter!“
>
> „Komm mir ja nicht mit einem Kind nach Hause, tu mir das bloß nicht an!“
>
> „Sei nicht so dumm, wie ich, lass dich nicht einfach schwängern, sonst bist du an einen Mann gebunden!“
>
> „Du bist viel zu jung für ein Kind!“
>
> „Meine Kinder sind der Ruin meiner Karriere!“
>
> „Oh, sieh mal da, eine Schwangere, die arme Frau!“

„Wer viele Kinder hat, hat wenig Geld!"

„Mütter sind unattraktiv!"

„Kinder zerstören die Schönheit der Mütter!"

„Mit Kindern hat man kein eigenes Leben mehr!"

„Kinder machen abhängig!"

Diese Sätze müssen wir ausfindig machen. Es genügt schon, sie sich auf der Zunge zergehen zu lassen und dabei in sich hineinzuspüren. Sobald der Körper oder das Gefühl reagiert, können wir davon ausgehen, dass wir diesen Glaubenssatz in uns gespeichert haben. Dann ersetzen wir ihn sofort durch innere Bilder, die diesem Glaubenssatz widersprechen. Durch Wiederholung einer solchen Übung können wir diese Glaubenssätze nach und nach korrigieren.

Mit dem inneren Kind sprechen

Wir haben nun schon sehr viel an uns gearbeitet. Wir sind weit gekommen auf unserem Weg zum Kind. So wird es nun Zeit, unsere Aufmerksamkeit endlich dorthin zu richten, wo sie so sehnsüchtig erwartet wird: Weg von uns, unserem Körper, unseren Unzulänglichkeiten, hin zu unseren Babys.

Wisst ihr, ich habe mich einst ziemlich doof angestellt, wenn es darum ging, einen Fernseher, einen Receiver und einen Videorekorder anzuschließen. Ich steckte andauernd die Kabel um, so lange, bis alles funktionierte, ich wusste aber nicht wie ich das machen sollte. Wenn also geputzt oder umgebaut wurde, dann musste ich wieder so lange alle Variationen ausprobieren, bis ich endlich fernsehen konnte. Peinlich, wenn das an einem Videoabend mit Gästen passiert. Alles schaut zu, alles wartet, und Biggi wird immer hektischer und findet ihre Stecker nicht. An einem solchen Abend nahm mich ein guter Freund beiseite und sagte: „Es ist ganz einfach, das Signal muss unverletzt durchgehen." Jetzt weiß ich, wie man die Dinger verkabelt.

Wenn wir Menschen ganz zu uns selbst finden möchten, dann ist es fast dasselbe. Das Signal muss durchgehen, und zwar möglichst unverletzt. Das ist der Grund, weshalb wir eine Blockade nach der anderen aufgelöst haben, deshalb haben wir einen Kurzschluss nach dem anderen repariert.

Jetzt stellen wir die Geräte neu auf. Und wir verkabeln sie. Und wir werden funktionieren.

Ohne Störsignale können wir ganz wunderbar mit uns selbst kommunizieren. Das liegt also nicht nur an der Übung, sondern auch daran, dass die Kabel immer direkter verlegt sind.

So kommunizieren wir mit unserem inneren Kind, begegnen uns selbst als wir noch ganz klein waren, und das nicht nur mehr aus therapeutischen Erwägungen, sondern längst auch mal einfach nur so, als emotionale Wellness.

So können wir uns „beamen" wie Scotti, in die Weiten unserer Vergangenheit, können noch mal fühlen, wie es war, ganz schnell und ganz viel Karussell zu fahren, wir können weiter gehen, weiter zurück bis zu dem Moment, als wir Laufen lernten, können all diese Freude noch mal in uns hochkommen lassen, und vielleicht gehen wir ganz weit zurück, dorthin, als wir noch ganz, ganz kleine Babys waren, da fühlen wir, wie kuschelig warm es sich auf den Armen unserer Mutter anfühlt. Wir erinnern uns, wenn wir auf ihrem Bauch liegen, dann fühlt sich das so weich an, wie ein Wasserbett. Wir erinnern uns, wie unsagbar geborgen wir uns fühlen, solange wir in dem Vertrauen sind, dass unsere Eltern einfach nur da sind für uns.

Wenn wir dort wieder hinkommen, meine Lieben, dann sind wir auch unseren Wunschkindern sehr, sehr nahe. Denn dort ganz in der Nähe, dort befinden sie sich. Und wenn wir in unsere Babyemotionen zurückgehen, dann sind wir ihnen an nächsten. Dann können wir sie schon flüstern hören. Dann können wir sie schon locken mit all unseren mütterlichen Qualitäten. Können ihnen schon Vertrauen schenken. Wir können ihnen geben was sie brauchen, weil wir wieder wissen, was sie brauchen. Aus unseren Temperaturkurven von einst ist nun Mutterliebe geworden. Das ist ein erstaunlicher Weg.

Jetzt heißt es eigentlich: Abwarten und Teetrinken! Alles, was wir in uns selbst erarbeiten konnten, das haben wir erarbeitet. Damit die Zeit aber nicht gar so langweilig wird, möchte ich euch noch von den lebensspendenden Prinzipien erzählen, sie sind es, die nun in und durch uns weiterwirken, und mit deren Hilfe unsere Kinder dann schließlich zu uns finden können.

Die lebensspendenden Prinzipien

Ich glaube, dies wird ein schöner Abschnitt. Es gibt ein Wissen, zusammengetragen von vielen Eltern in ihrer Kinderwunschphase. Ein Wissen, das ich ohne sie alle niemals hätte sammeln können. Ein Wissen, was sich derzeit irgendwie neu zu strukturieren scheint. Alle diese Elemente haben mich immer wieder eines Besseren belehrt.
Ich bekam überraschende und neue Antworten auf alte, gut bekannte Fragen. Fügt man all diese Erlebnisse zusammen, dann entsteht ein Bild wie in einem Märchenland, und es bereitet mir größte Freude, mich darin zu tummeln und davon zu erzählen.

Warum auch nicht?

Wir befinden uns hier in einer Welt, in der kein Wissenschaftler mir auch nur eine einzige Antwort geben konnte. „Das weiß nur der liebe Gott" konnte es allenfalls heißen. Das mag genau so stimmen.

Ich habe dennoch nie aufgehört zu fragen, und schon nach kurzer Zeit stellte ich fest, dass es viele, viele Antworten gibt in den Herzen der Menschen, mit denen ich arbeite.

So sind viele Antworten entstanden. Und nach und nach fügten sich die verschiedenen Antworten zu einem bildlichen Gefüge zusammen, sie wurden vorstellbar und verständlich.

Wir haben noch immer nicht alle Prinzipien beisammen. Denn sie offenbaren sich uns immer mehr und zahlreicher. Es geht auch immer schneller. Das Märchen der lebensspendenden Prinzipien aber hat bereits seinen Anfang verraten, und den möchte ich gerne mit euch teilen.

Die Kinderseelen

Eines Tages machte ich eine Aufstellung für ein Kinderwunschpaar, dabei stellen wir jedes Mal das erwünschte Kind mit auf. Unsere gute Zazie, eine Frau aus dem Kinderwunschforum, war es, die während eines Seminars stellvertretend zunächst für das Wunschkind dieses Paares stand, sie wechselte dann aber in einen anderen Zustand, sie war sehr tief in der Entspannung und übernahm so die Position der Kinderseelen an sich. Ich dachte, dies sei eine gute Chance, unsere Fragen an die Kinderseelen zu richten, und bat die anderen Frauen, dies zu tun. Folgendes geschah:

Die Frauen in der Runde waren erst etwas zögerlich, doch dann formulierte Simone endlich die Frage, die wohl uns allen unter den Nägeln brannte:

Simone: „Wollt ihr geboren werden?"

Kinderseelen: „Ja und Nein"

Das war natürlich nicht unbedingt das, was wir von den Kinderseelen hören wollten, insgeheim hatten wir natürlich gehofft, dass sie ebenso sehr und eilig zu uns wollten, wie wir zu ihnen. Nun, das sah also offenbar ganz und gar nicht so aus. Gleichzeitig flößten uns die Kinderseelen aber auch sehr viel Respekt ein in diesem Moment.

Zunächst wagte keine Frau, eine weitere Frage zu stellen. Dann aber kam sie. Wir fragten sie, ob sie geboren werden müssen. Kinderseelen: „Nein!" Wir fragten sie, wie sie denn geboren werden können?

Kinderseelen: „Wenn wir es wollen, und unsere Eltern es wollen. Und zwar: bedingungslos!"

Christine: „Was bedeutet das, *ja und nein*, heißt das, dass es euch egal ist, ob ihr zu uns kommt?"

Kinderseelen: „Es ist uns nicht egal, wir würden gerne zu euch kommen, aber wenn das nicht geschieht, dann gehen wir wieder und kommen zu einem anderen Zeitpunkt erneut."

Simone: „Was passiert, wenn ihr über eine lange Zeit nicht empfangen werdet?"

Kinderseelen: „Dann werden wir immer schwächer."

Da wurde meine Frauenrunde blass. Ich fragte also die Kinderseelen:

„Welche Unterstützung braucht ihr, um empfangen und geboren zu werden?“

Kinderseelen: „Starke Mütter!“

Ganz genau so hat sich das damals abgespielt. Nun wollten alle Frauen wissen, was denn die Kinderseelen unter einer *starken Mutter* verstehen. Da war schnell klar, dass nicht eine gewichthebende Muskelmännin gemeint war, sondern eine Frau, die all ihre Instinkte und Gefühle, ihre mütterlichen Antennen für ihr Kind frei und zur Verfügung hat, und dies auch schon in der Zeit vor der Empfängnis.

Jetzt, in diesem Augenblick, wo ich dies schreibe, da wird mir einmal mehr klar, weshalb ich immer so vehement an die wirklichen Gefühle der Frauen appelliere, weshalb ich so deutlich wurde im Kapitel Geburtstrauma, das ist wohl so, weil derartige Erlebnisse tief in uns weiterwirken, ohne dass wir am Ende noch wissen müssen, weshalb das so ist. Und man könnte es ja auch noch einmal anders formulieren: Wenn unsere liebe Ina, ebenfalls eine alte „Häsin“ des Kinderwunschforums, ihr zwölftes Kind viel einfacher großgezogen bekommt, als ihr erstes, dann liegt dies wohl kaum daran, dass die Windelhersteller in der Zwischenzeit bessere Schnellverschlüsse an die Babywindeln gebaut haben, und auch nicht daran, dass wir inzwischen wissen, wie man Griesbrei kocht, sondern einzig und allein daran, dass wir mit jedem Kind mehr und mehr ein Gefühl dafür bekommen, wie wir uns emotional auf das Kind einrichten müssen, damit es ihm möglichst gut geht.

Nur so wissen wir, wie wir unseren Kindern helfen können, nur so ahnen wir, wenn sie in Gefahr sind, wissen wir, was gut für sie ist.

Starke Mütter sind wir immer dann, wenn wir am Tanz von Mutter und Kind teilnehmen. Wir sind es nicht, wenn wir ein Buch brauchen, in dem steht, wie Babys einschlafen lernen.

Starke Mütter sind wir, wenn wir uns ganz einfach daran erinnern, dass jedes Baby, wenn es zur Welt kommt, bereits schlafen *kann*, und wir müssen nur noch erfühlen, wie und wann es das am besten kann.

Starke Mütter sind wir, wenn wir mit unseren Kindern tanzen, anstatt sie um unser Leben und unsere Pläne und Wünsche herumtanzen zu lassen. Der Mittelpunkt liegt hier in der Mutterliebe, die genau im Zentrum dieses wunderbaren Tanzes ihre Kraft so großzügig freigibt.

Wenn wir uns an diese Kraft wieder anschließen, dann sind wir für unsere Wunschkinder eine außerordentlich große Verlockung und Einladung.

Flugzeuge und Schlitten

Es gibt immer einen Moment, der ist der *richtige* Moment. Alles scheint in Ordnung zu sein, das Signal unserer mütterlichen Qualitäten befindet sich in seiner Vollkommenheit und ist durchgängig. Unser Baby befindet sich schon in unserer unmittelbaren Nähe, wir können es fühlen, sehen, mit ihm sprechen. Wir wissen, dass es jetzt kommt, wir spüren es, und unser Baby spürt das auch. Diese Situation zeigt sich immer gleich, ob in der Hypnose, in der Aufstellung oder im wirklichen Leben. Wir können sie zwar nicht erklären, doch auf die eine oder andere Weise ist sie immer so für uns spürbar, wir kennen die Gesetze nicht, aber unser Unterbewusstsein und unsere Emotionen leben nach ihnen. Hier nun entsteht eine ganz freudige Erregung. Das Kind ist ebenso aufgeregt, wie seine Eltern, alle wissen und spüren: Gleich ist es soweit- und im Raum steht die große Frage: Wie geht es denn nun weiter?

Lasst mich ein wenig ausholen, kommt mit zu mir nach Hause zurück zu einem Tag, als mein vierjähriger Sohn Kilian mein CD Regal „aufräumte“ und gerade einen Nena-Song hörte. „Hier bei uns auf‘m Mond steht ein Auto...“, so in etwa wurde ich beschallt. Schon bevor dieser Refrain kam, stürzte Kilian zu mir in die Küche und sagte: „Mama, hör mal, von da kommen wir alle her!“ Er war richtig aufgeregt. Ich hakte nach und fragte, wie das denn ginge, wie denn die Kinder zu ihren Muttis kämen und er antwortete: „Na, sie nehmen ein Flugzeug!“ Da fragte ich noch, warum denn so viele Kinder zu ihren Eltern kämen. Antwort: „Na, weil es so viele Flugzeuge gibt!“

Es war nichts Besonderes. Ein kleines Erlebnis aus meinem Alltag, dachte ich. Einige Monate später machten wir wieder eine systemische Aufstellung, und ich durfte die Kinderseelen „spielen“. Wir waren an einem Punkt angekommen, da sah ich meine Eltern schon vor mir, wollte gerne zu ihnen, aber irgendetwas fehlte noch. Irgendein richtiger, deutlicher Impuls, der mich nun endlich in die Zielgerade bringen würde, direkt in die Arme meiner Eltern. Ich wusste nicht genau, wie ich das beschreiben sollte, und sagte: „Na, es fehlt noch ein Flugzeug“.

Mitten in diese Aufstellung herein platzte Kilian, mein kleiner Sohn, der von meiner Mutter beaufsichtigt nebenan gespielt hatte. Mit einem kleinen Spielzeugflugzeug in der Hand kam er vollkommen gedankenversunken, ließ sein kleines Flugzeug mitten durch die Aufstellung fliegen. Das war das erste Mal dass er „ausgebüchst“ war, meine Mutter war auch gleich zur Stelle, um ihn wieder herauszuholen. Das war das einzige Mal, dass er in eine Aufstellung „platzte“. Er hatte aber nicht wirklich gestört, vielmehr mussten alle über diese Übereinstimmung mit dem Flugzeug schmunzeln. Wir konzentrierten uns also wieder auf die Aufstellung, ich wartete immer noch auf mein Flugzeug. Woran ich mich bis heute so genau erinnere ist das Gefühl, was mich überkam, als dieses „Flugzeug“ endlich da war. Es war natürlich kein Transportmittel oder ähnliches, es war ganz einfach ein plötzlicher Wechsel all meiner Gefühle, so als hätte sich auf einen Knopfdruck hin alles, was ich fühlen kann, verändert, dies zusammen mit der Gewissheit, das jetzt endlich *mein* Zeitpunkt gekommen war. Mit keiner einzigen Erfahrung in meinem ganzen Leben könnte ich dieses wunderbare, freudige, liebende Gefühl vergleichen, das mich da von einer Sekunde auf die nächste überkam. Das war Liebe, die war so schön, dass sie fast weh tat. Mir kamen sofort vor Rührung die Tränen in die Augen, mein Herz floss über und ich war durchdrungen von dem Eindruck, dass hier und jetzt das Richtigste der Welt überhaupt vor sich geht.

Ich war also mitgerissen von diesem Flugzeug, ließ mich davon tragen und landete nicht etwa bei der Fruchtbarkeit, auch nicht im heiligen Raum, ja nicht einmal bei meiner Mutter, sondern ich flog schnurstracks meinem Vater in die Arme, aus denen nichts und niemand auf der Welt mich jemals wieder etwas fortbringen konnte und sollte.

Könnt ihr euch vorstellen, wie das ist, wenn man etwas gefühlt hat, von dem man ausgehen kann, das es niemanden gibt, der dieses Gefühl ebenfalls kennt? Ein Gefühl obendrein was so wunderbar und stark ist, dass ich es ganz bestimmt in meinem ganzen Leben niemals wieder vergessen werde? Ich fühlte mich von Glück durchdrungen, aber ich war auch sehr einsam, weil ich es eben mit niemandem teilen konnte. Noch nicht!

Denn nur wenige Wochen danach, stellten wir wieder auf. Wieder waren die Kinderseelen obligatorisch mit aufgestellt, diesmal durch eine andere Frau vertreten. Und da passierte es wieder: Die Kinderseele hatte ihre Eltern schon erkannt, konnte aber zunächst noch nicht zu ihnen. Und dann kam das Flugzeug und die Kinderseele flog in diesem Augenblick ihrem Vater in die Arme! – Die Frau, die in dieser Aufstellung die Kinderseelen gespielt hatte, die gerade erlebt hatte, wie sich ein Flugzeug anfühlt, war geradezu überwältigt von diesem Gefühl. Ich stand dabei, konnte vielleicht als einziger Mensch der Welt genau verstehen, was sie da gerade erlebt hatte und freute mich gleich doppelt und dreifach. Wir hatten ein Happyend in der Aufstellung erreicht, eine weitere Frau hatte ein Flugzeug erlebt, und ich, ich konnte endlich dieses Erlebnis teilen und im Gegenzug dieser Frau schon mal sagen: "Ich weiß ganz genau, was du da gerade erlebt hast!"

Die Flugzeuge blieben uns bis zum heutigen Tag erhalten, und wenn wir uns später noch den X-Faktor ansehen, dann kann man sie vermutlich noch besser erspüren.

Ein anderes Mal, ich arbeitete gerade in Wien mit einem wunderbaren Kreis von Eltern. Für ein Paar stellte sich die Frage einer Samenspende, und wir stellten den Kinderwunsch auf. Im Feld befanden sich das Kind, die Eltern und der Samenspender. Zunächst mussten wir die Erwachsenen sorgfältig positionieren, ganz besonders die Frau wollte den Samenspender nicht so dicht an sich heranlassen. Auch kam eine sehr kurze Phase des Abmessens zwischen Vater und Samenspender, doch schon bald kehrte Harmonie ein, und wir wandten uns dem Kind zu. Ein so fröhliches Kind habe ich selten gesehen. Es befand sich ursprünglich in unmittelbarer Nähe seiner Eltern, aber nicht in einer Startposition. Als der Samenspender hinzukam und die Erlaubnis der Mutter erhalten hatte, wurde unser Kind ganz ausgesprochen fröhlich. Es lag auf der Erde und hatte eine Körperhaltung, als würde es Bob fahren, und zwar sehr schnell. Es jubelte laut: „Hurra, ich habe endlich einen Schlitten“. Wir alle mussten schmunzeln. Allmählich beruhigte sich das Kind, die Wok-WM schien vorbei zu sein, es wandte sich seinen Eltern zu. Ganz unmittelbar, bevor es seinen Eltern in die Arme flog, so mitten in der Bewegung, das ging so schnell, dass ein paar Sekunden vergingen, bevor wir dies realisierten, hatte das Kind den Samenspender, seinen „Schlitten“ aus dem Feld gestoßen. Das geschah in einer einzigen fließenden Bewegung und alle Anwesenden empfanden darin die gleiche Aussage: Wenn unsere Kinder sich bereits in unserer Nähe positioniert haben, dann nehmen sie alle Hilfe an, ihr Flugzeug meistens, aber – wenn nötig – ersatzweise auch mal einen Schlitten. Und manchmal erfinden sie auch die undenkbarsten Wege, um zu uns zu kommen.

Wie weit dies unter Umständen gehen kann, möchte ich euch gerne erzählen. Es war während eines Seminars in Dänemark, als ich eine Frau kennen lernte, die sich seelisch bereits vollkommen auf eine Adoption eingestellt hatte. Das Seminar ging eine ganze

Woche lang, so hatten alle Zeit, tagsüber auch mal an den Strand zu gehen. Manchmal glaube ich, je länger wir an unseren Emotionen arbeiten, desto mystischer und romantischer empfinden wir dann manche Dinge. Unsere junge Mutter jedenfalls erzählte, sie hätte an einem Tag am Strand gesessen, ganz allein auf einem Felsblock direkt am Wasser, sie habe in das bewegte Meer geschaut und dort zum ersten Mal etwas ganz besonderes getan: Sie hat um ihr Kind gebetet. In diesem Augenblick landete eine Möwe, direkt vor ihren Füßen. Es ist nicht so, dass die dänischen Möwen zahmer wären, als andere, und es war wirklich erstaunlich, wie nah dieses Tier ihr kam, und dies auch noch in diesem besonderen Moment. Unsere Frau jedenfalls war zu Tränen gerührt, und wir waren es auch, als sie ganz so emotionsgeladen davon erzählte. Wie das oft im Leben so ist, ich hatte diese kleine Geschichte gerade vergessen, als ich eine Email bekam: Ganz plötzlich und unerwartet hatten sie und ihr Mann ein Neugeborenes adoptiert. Die leibliche Mutter dieses Kindes war eine der so wenigen Frauen, die von einer Schwangerschaft überhaupt gar nichts ahnten. Erst als sie mit Wehen im Kreißsaal landete, erfuhr sie davon. Sie fühlte sich überrumpelt und überfordert und gab das Baby zur Adoption frei. Dies geschah exakt 9 Monate, nachdem unsere junge Frau in Dänemark um ihr Kind gebetet hatte. Wenn ich meiner Phantasie manchmal freien Raum gebe, dann frage ich mich, ehrlich gesagt schon, ob dieses Kind sich nicht auch einfach nur einen „Schlitten" besorgt hatte, um zu seinen Eltern zu kommen.

Der „heilige Raum"

Dieser Begriff stammt ursprünglich aus der Arbeit einer Freundin und Kollegin von mir, die sich unter anderem auf den Babytalk spezialisiert hat, einer Therapieform, in der Schwangere mit ihrem Baby kommunizieren können. Dies dient vor allem zur Therapie von Schwangerschaftsbeschwerden aller Art. In diesem Fall ging es um eine Frage, die eine Schwangere hatte. Man hatte ihr zu einer Fruchtwasserspiegelung geraten, sie aber war sich unsicher, ob das richtig wäre, also wurde das Kind selbst befragt, was es denn von diesem „Eingriff" halte. Die Antwort kam kurz und knapp: „Aber doch nicht in den heiligen Raum!".

Dies war der Geburtsmoment für einen Begriff den wir seither verwenden für unseren Bauch, für unsere Geburtsorgane, für das weiblichste aller Dinge. Da steckt viel Rehabilitation drin.

Meine Lektorin hat mir hierzu noch mal ganz wunderbar erklärt: Das Wort „heilig" bedeutet unverletzlich, unantastbar, vollkommen und makellos!

Ich finde es heilsam, unserem Bauch, dem wir oft nur mürrisch begegnen, auf den wir oft noch nicht gut zu sprechen sind, weil er uns entweder unseren Eisprung nicht fristgerecht liefert, oder weil wir weder Mens noch die Schmerzen dazu haben wollen, ja, den wir – der aktuellen Kindfrauenmode entsprechend- auch noch weghungern und einziehen, nun endlich einmal einen Namen geben zu können, der all den Wundern, die er ja ebenfalls zuwege bringt, endlich einmal gerecht wird. Wenn ich an den heiligen Raum denke, mir dabei vielleicht meine Hand auf den Bauch lege, dann fühlt sich das ganz anders an, als sagte ich einfach nur „Bauch". Es ist der Begriff des heiligen Raumes, der mir klar macht, welche Wunder er tagtäglich vollbringt, unabhängig davon, was ich von ihm erwarte. Er wirkt nach den Gesetzen der Natur und der Evolution. In ihm kann Leben heranwachsen. Und unaufhörlich tut er in jeder Minute unseres Daseins genau das Richtige, um dieses sicherzustellen und zu vollbringen.

Der heilige Raum kann nicht kontrolliert werden, und er will es auch nicht. Wir erinnern uns: Der heilige Raum ist vollkommen, er ist makellos und er ist unantastbar. Wie gut es sich anfühlt, dies so zu schreiben!

Spätestens hier wird auch klar, welch eine Verletzung jeglicher Eingriff für unseren heiligen Raum bedeutet. Das gilt auch für Blinddarmschnitte, Kaiserschnitte, für Bauchspiegelungen und die

Entnahme der Eizellen, oder Operationen bei Eileiterschwangerschaften. Wann immer wir also in die Situation eines „Eingriffes" kommen, so sollten wir wissen, dass dies immer auch ein Bauchtrauma sein kann, und deshalb anschließend mit unserem Bauch Kontakt aufnehmen, ihm erklären, was da geschehen ist, und dass es notwendig war. Wir können ihn noch mal ganz ausdrücklich als heiligen Raum anerkennen und uns all die wunderbaren Dinge vor Augen halten, die er tagtäglich für uns und in unserem Sinne leistet, während wir selbst vielleicht gerade mit anderen Dingen beschäftigt sind oder im Kino sitzen. Ziehen wir den Hut vor unserem Bauch, nennen wir ihn gerne unseren heiligen Raum.

So bekommt der „olle Bauch" durch diese doch viel schönere Namensgebung einen großen Teil seiner wohlverdienten Würde zurück. Und wir Frauen mit ihm.

Fruchtbarkeit

Nun wollen wir uns um die Fruchtbarkeit kümmern. In der Arbeit sind wir ihr oft begegnet. In den systemischen Aufstellungen stellen wir sie grundsätzlich immer schon gleich mit auf. Wie lange habe ich ihr meine Aufmerksamkeit gewidmet, wie lange schon lerne ich von ihr. Da wunderte es mich schon, dass sie auf dem Weg unserer Kinderseelen in den heiligen Raum offenbar gar nicht so die große Rolle spielt, die ich ihr immer zugedacht hatte. Oft sagt sie „Ich bin was ich bin. Ich bin nur durch mich selbst definiert. Bin nicht groß, nicht klein, nicht gut, nicht böse, bin nur, was ich eben bin." Nach und nach wurde uns klar: Es ist nicht die Fruchtbarkeit allein, um die wir uns kümmern müssen, denn sie ist nur ein Teil von vielen Komponenten und Dynamiken, die zusammenwirken müssen, damit ein Kind zu uns findet.

Vor einigen Jahren begegnete ich ihr. Sie stellte sich dar als uralt, sehr weise, aber auch sehr verletzt. Heute endlich verstehe ich ihre Verletzung, denn sie ist die Bewahrerin des heiligen Raumes! So wird auch klar, dass wir mit ihr sehr ähnlich umgehen müssen, wie mit dem heiligen Raum an sich.

Später dann begegnete ich immer wieder auch einer anderen Fruchtbarkeit. Empfand ich die „alte“ so ganz alt und dick und so ähnlich wie diese Fruchtbarkeitsfiguren die man in Mittelamerika und bestimmt auch hier und dort wo anders auf der Welt sehen kann, aus Holz oder Stein gehauen, meist sitzend mit einem riesengroßen Bauch, so traf ich plötzlich –und dann immer wieder- auch eine andere: eine schlanke junge Schönheit mit langem blonden Haar. Manchmal hat sie auch ganz viele Schleier, mit denen sie die Frau mit der sie gerade kontaktet, regelrecht zu umgeben scheint, diese ist eine ganz, ganz alte Version der Fruchtbarkeit, die so vor 15 Jahren in etwa sogar hin und wieder als so eine Art Skelett in Schleiern erschien. So jedenfalls erlebten es meine verschiedenen Patientinnen. Es schien schließlich drei Typen der Fruchtbarkeit zu geben, egal, welche Frau sie auch „gesehen“ oder empfunden hatte, ich konnte sie bisher immer einer dieser drei Grundfiguren zuordnen.

In den Jahren darauf begann die Fruchtbarkeit, auch endlich einmal Forderungen zu stellen, und sich so darzustellen, damit wir verstehen konnten, was ihr fehlt. Ich versuche dies einmal zusammenzufassen. Die Fruchtbarkeit war verletzt. Ähnlich, wie es auch der heilige Raum war, dessen Bewahrerin sie ist. Das ist die alte Fruchtbarkeit, die mit dem dicken Bauch. Nur dadurch, dass wir ihr immer wieder den allergrößten Respekt entgegenbrachten, konnten wir Kontakt mit ihr halten. Tatsächlich hatte sie allem Anschein nach einen Teil ihrer Aufgaben vergessen in all ihrer Angst und Trauer. Einmal baten wir sie darum, doch unseren Kinderseelen zu helfen, zu uns zu finden, da war sie richtig erstaunt und sagte, sie hätte das vergessen, und sie begänne nun schwach, sich zu erinnern.

So, wie es mir nun scheint, hat sich diese alte Version der Fruchtbarkeit zwar in geringem Maße verändert, es entstand aber gleichzeitig noch eine zweite Version, nämlich die der jungen Fruchtbarkeit, die sich uns sehr zart, schlank und ein wenig schüchtern vorkam. Wir erinnerten sie an die Liebe, die Leidenschaft, an Erfüllung und Orgasmus. Und nach und nach wurde sie immer schöner und vollendeter.

Kann das sein, dass die „alte“ Fruchtbarkeit nun eine „neue“ kreiert hatte, eine die den Ansprüchen der heutigen Zeit besser entsprechen kann oder die sich entwickeln kann, ohne all diese schrecklichen Traumen der Vergangenheit? Ich weiß es nicht! Ich kann nur hoffen, dass wir all dies nach und nach herausfinden dürfen.

Eines jedoch fand ich richtig spektakulär: In Salzburg nämlich führte ich alle Teilnehmer in einer Traumreise an einen Ort, an dem sie der Fruchtbarkeit begegnen sollten. Das tu ich manchmal. Aber immer in einer leicht abgewandelten Form, und diesmal war dieser Ort ein wunderbarer Teich. Da staunte ich nicht schlecht, als eine Teilnehmerin sagte, sie wäre zwei Fruchtbarkeiten begegnet. Einer alten, die aussah wie eine alte Indiofrau, und eine junge, schlanke, mit langen blonden Haaren. Jede hatte andere Eigenschaften und Aufgaben. Die alte Fruchtbarkeit ließ die Teilnehmerin spüren, wie es ist, selbst wieder ein Baby zu sein, nahm sie als Baby in die Arme. Die junge Fruchtbarkeit hatte zuvor gesagt, sie könne ein Baby haben, wenn sie sich erinnere, wie es war, als sie selbst ein Baby gewesen sei.

In Salzburg erlebte ich auch noch eine weitere ganz wunderbare Begegnung. Das war die Ehrerbietung, welche die Fruchtbarkeit so gerne von unseren Männern entgegennimmt. In der besagten Traumreise wollten alle Frauen ihrer Fruchtbarkeit begegnen. Victoria, eine Teilnehmerin, die zuvor trotz sechzehn (!!) Versuchen einer künstlichen Befruchtung dennoch kein Baby hatte, bekam in dieser Traumreise Besuch. Gerade in dem Moment, als sie ihrer Fruchtbarkeit Ehre erweisen wollte, als sie sich vor ihr verneigen wollte, erschien plötzlich ihr Mann in diesen inneren Bildern, nahm seine Frau beiseite und begrüßte nun selbst die

Fruchtbarkeit. In einem ritterlichen Kniefall erwies er ihr sehr feierlich seine Ehrerbietung. Die Fruchtbarkeit war sehr geehrt.

Wenn Menschen in gewissen Situationen ganz besonders gerührt sind, so ist dies immer sehr schwer zu transportieren, es ist schwer, es anderen Menschen zu erklären, die nicht dabei gewesen sind. Ich kann euch daher nur sagen, wir waren alle gerührt, und mir selbst kamen die Tränen an dieser so romantischen Stelle. Und wir staunten nicht schlecht, als nur wenige Wochen später die nächste künstliche Befruchtung dann endlich auch fruchtete, und Victoria bald darauf stolze Mutter von Zwillingen wurde!

Silberschnüre

In einem Seminar meiner besten Freundin Heike entstanden dann die „Silberschnüre". Die Traumreisen variieren, und ich glaube fast, dass es die Frauen um mich herum sind, die mich dann auf die eine oder andere Idee oder Variante bringen. Heike wird es nicht anderes ergangen sein, jedenfalls war sie gerade dabei, die Frauen in die Nähe ihrer Kinder zu begleiten, und als sie merkte, da fehlt noch was, bat sie die Teilnehmerinnen, doch einfach Silberschnüre nach ihren Kindern auszuwerfen, damit der Kontakt erst einmal hergestellt sei. Seitdem sind die Silberschnüre immer wieder gefragt, die Frauen mögen sie, denn sie sind eine wunderbare Vorstellung, an der man sich gedanklich immer wieder zu seinen Kindern hangeln kann.

Sie helfen ganz besonders den Frauen, die glauben, ihr Kind noch nicht finden zu können. Sobald sie sich aber die Silberschnur vorstellen können und nach ihr greifen, wartet am anderen Ende schon ihr Kind. Aus dieser gefestigten Position heraus kann dann jede Frau Kontakt zu ihrem Kind aufnehmen, immer wieder, und sich ihm annähren, herausfinden, was es wünscht, oder was ihm noch fehlt.

Die Silberschnur hilft uns also dabei, uns unser kleines Wunder, das wir uns so sehr wünschen, auch klipp und klar vorstellen zu können und es zu entwickeln. Das ist sehr wichtig, denn jedes Wunder entsteht zunächst immer erst in der Vorstellung. Mehr noch: ich kann ein Wunder nicht erkennen, wenn ich es nicht zunächst auch für möglich halten kann. Probiert es also gerne selbst einmal aus.

Die Plätze von Mutter und Vater

Es gibt Mutterkinder und es gibt Vaterkinder. Über die Gründe und Zusammenhänge ist schon viel gegrübelt worden. Vielleicht rundet das Erleben unserer Psyche unser Vorstellungsvermögen hierfür ein wenig ab.

In den Aufstellungen, in denen es ja auch ganz ausgesprochen immer um die familiären Linien geht, erleben wir, dass die Wunschkinder sich ganz deutlich entweder der väterlichen oder aber der mütterlichen Linie zugehörig fühlen. Das ist immer so, und die Kinder formulieren dies auch sehr eindeutig und kompetent. Kommt es zu einer Fehlgeburt oder zum Tod eines Kindes, dann kehrt dieses Kind nach angemessenem Abschied von den Eltern auch immer wieder zurück zu denjenigen Ahnen, aus deren Linie es stammt. Hier finden wir also eine überraschende Übereinstimmung unseres uralten, intuitiven Wissens mit diversen Hollywoodproduktionen.

Es ist aber sinnvoll, von hier aus mal weiter nachzudenken. Kommt ein Kind aus der väterlichen Linie, dann ist es ein Vaterkind. Das bedeutet, dass es schließlich der Vater sein wird, der am letzten Impuls, den das Kind braucht, um in diese unsere Welt zu kommen, ganz unmittelbar beteiligt ist. Bei Mutterkindern ist es die Mutter. Wir erinnern uns, die Kinder sagen, sie brauchen es, dass Mutter und Vater ihr Kommen erwünschen, und zwar bedingungslos. Darüber hinaus spielt jedoch dasjenige Elternteil noch eine übergeordnete Rolle, aus dessen Linie diese kleine Kinderseele stammt. Hier fehlt mir noch viel Wissen, und das wird mir die Zeit schon noch schenken. Eines aber kann ich sehen und sagen: Die „Flugzeuge“ der Mutterkinder landen bei den Müttern, die der Vaterkinder bei den Vätern.

Unterhalb der Entbindung ergibt sich hier noch einmal eine besondere Problematik, die unser Augenmerk verdient hat: Ich sprach ja im Kapitel „Geburtstrauma“ von dem dunklen Tunnel, durch den das Kind muss. Er bewegt sich auf ein Licht zu, von dem es nicht immer alleine weiß, dass dies der Ausgang ist. Gerät hier ein Kind in Angst oder gar Panik, dann hilft es ihm zu versichern: „Mama ist da!“ Ist dieses Kind aber ein Vaterkind, dann braucht es auch den Vater, und wir sagen ihm dies auch: „Papa ist da!“

Ich habe in vielen Babytalks mit schwangeren Frauen die bevorstehenden Geburten von Kindern erlebt. Und jedes Mal musste ich erst herausfinden, ob dieses Baby mehr auf Mama oder auf Papa steht. Sie sind da sehr wählerisch. Um den Geburtsvorgang zu erleichtern verspreche ich ihm dann, dass Mama *und* Papa draußen schon auf das Baby warten, und dass sie sich riesig auf es freuen, mit all ihrer Liebe.

Bei der Empfängnis verhält sich dies genauso. Die Kinder wollen zu Mama oder zu Papa, und lassen hier nicht im geringsten mit sich verhandeln.

Der X-Faktor

Ich möchte nun versuchen, euch ein Prinzip vorzustellen, welches sich zwischen Mann und Frau bewegt, welches wir wohl gefunden haben, aber nicht so recht benennen konnten. Vermutlich ist es aber das wichtigste von ihnen. Das Prinzip, ohne welches eine Empfängnis eben nicht geht, manche Frauen nennen es liebevoll den Babyverteiler, wir alle sind uns aber sicher, er ist noch viel mehr. Der X-Faktor scheint viele Mechanismen und Emotionen in sich zu vereinigen, die sich zwischen Mann und Frau abspielen. Zu seinem Namen kam er, weil wir zwar sehr wohl mit ihm agierten, ihn aber nicht ausreichend benennen konnten, er selbst konnte das übrigens auch nicht. Wir erlebten ihn aber in Aktion, und dies ließ die Saiten eines uralten, tiefen Wissens in uns anklingen. Es war, als kannten wir ihn, als wüssten wir schon lange um ihn und sein notwendiges Mitwirken an der Empfängnis unserer Kinder. Jeder Mensch weiß, dass es ihn gibt. Und er kommt uns ein wenig vor, wie Freund und Feind zugleich, denn er ist durch nichts und niemanden zu beeinflussen, er bewegt sich dort, wo wir einfach nur hoffen und beten können, dass er zur richtigen Zeit am richtigen Ort ist. Oder sind gar wir selbst diejenigen, die das sein sollten?

Wir begegneten ihm auf dem Seminar im Hammerschloss, wo wir eine Matrixaufstellung erlebten. Bei einer Matrixaufstellung stelle ich nicht eine bestimmte Frau oder einen bestimmten Mann auf, sondern sozusagen den Prototypen davon, man könnte auch sagen Adam und Eva, oder die Urfrau und den Urmann. Wir wollten einfach nur mal beide Prinzipien in ihrem Wirken sehen, und stellten sie auf.

Zunächst stellten wir die *Matrix der Frau* auf. Sie befand sich ganz allein auf dem Parkett und durfte ausgiebig in sich hineinfühlen. Sie beschrieb sich als urmütterlich, weich, warm und unglaublich dick zunächst, dies wuchs dann weiter, bis sie sagte: „Ich habe eine unglaubliche Weite." Es war wunderschön diese Frau zu sehen, fast so, als wäre sie die erste und einzige Frau der Welt, und es war beglückend, wie nah wir uns ihr fühlen konnten, ihr, die da so vollkommen gesund mit sich und ihrer Umgebung sein konnte. Und wie wunderbar stark und sanft zugleich sie war. Ihren Wirkungskreis beschrieb sie mit ihren Armen immer wieder ganz horizontal und unendlich.

Nachdem wir hier hereingespürt hatten, stellten wir die *Matrix für den Mann* auf. Wir führten ihn aufs Parkett und ließen ihn seinen Platz selbst finden. Er stellte sich in gebührendem Abstand neben die Frau – und fühlte sich verloren! Damit hätten wir keinesfalls gerechnet. Eigentlich nahmen wir an, beide, unsere Frau und unser Mann seien nun froh, endlich jemanden zum schmusen zu haben, zum gemeinsamen Leben. Und, dass sie sich sofort ergänzen würden. So aber war es nicht. Der Mann klagte: „Ich bin viel zu klein. Und ich weiß eigentlich gar nicht, was ich zu tun habe. Und wo es hier lang geht. Mir fehlt jegliche Orientierung."

Da waren wir baff. Hatte doch unsere Matrixfrau ihre Position so wunderbar und selbstverständlich eingenommen und ausgefüllt, kannte unser Mann zwar seinen Platz. Mehr aber nicht. Er kannte seine Aufgaben nicht, er sehnte sich danach seine Perspektiven und Ziele zu kennen, kam aber alleine nicht drauf. Und die Frau neben ihm erschien ihm respekteinflößend und mächtig. Ein so großer Respekt, den man beinahe als Angst hätte bezeichnen können.

Uns kamen sofort Bilder des Matriarchats hoch, hinterher sprachen wir darüber, dass dies ja vielleicht ein Grund sein könnte, dafür, dass Frauen immer angegriffen wurden, ebenso, wie der heilige Raum, und das schon seit Urzeiten. Ich schätze, hätten wir eine Feministin mit ins Feld gestellt, sie hätte nicht aufgehört, vor Selbstbestätigung zu jubeln.

Dies aber war nicht im Entferntesten unsere Intention. Im Gegenteil, wir grübelten schleunigst darüber nach, was dem Mann denn fehlen könnte. Er half uns, sagte, hier direkt seitlich hinter ihm dort fehle ihm etwas. Mehr brauchten wir nicht; wir stellten ihm „seine Unterstützung" an die Seite, und versuchten dann durch Befragung herauszufinden, wer oder was denn dort stehe. Es war etwas, wofür wir womöglich nicht einen einzelnen Begriff haben, es umschreibt sich aber mit: Leitbild, Tradition, Perspektive, Verhaltensschema. Ohne dies war er unglaublich schwach. Mit ihm aber konnte er seinen Platz dann einnehmen.

Er erinnerte mich an den Knight-Rider, an einen tapferen „David-Hasselhof-Macho-Mann", dessen Lebensinhalt es ist, Menschen zu retten und Gutes zu tun. Der dies allerdings nur dann und deshalb kann, weil er per Funk, sozusagen aus der Zentrale über seine nächste Aufgabe informiert wurde, und darüber, was nun zu tun sei. Und wie viele Bücher übers „Reden und Einparken" hatte ich gelesen, in denen stand es immer ähnlich: „Sage deinem

Mann deutlich an, was du wünschst, er kann es dir nicht an der Nasenspitze ablesen."

Hier stand er also vor uns, unser Matrix-Mann, der erst mit seinen Traditionen und Leitbildern an seiner Seite zu seiner wirklichen Kraft gedeihen konnte. Sie beide zusammen ergaben das Ganze und fühlten sich nun auch wirklich wunderbar vollständig an.

Nun dachten wir natürlich, unsere beiden, Matrix-Mann und Matrix-Frau, würden sich mal schleunigst in die Arme fallen, und bestenfalls ordentlich Nachwuchs zeugen und irrten uns wieder. Unser Mann wagte es nicht, sich der Frau zu nähern. Zu respekteinflößend, zu stark erschein sie ihm. Und auch unsere Frau hatte keinerlei Annäherungsbedürfnisse.

So ließen wir die beiden zunächst wie und wo sie waren, und baten die Kinderseele aufs Parkett. Wie gesagt, auch sie war eine Matrix, und platzierte sich in einiger Entfernung im rechten Winkel zu Mann und Frau. Sie erkannte diese sofort als ihre Eltern. Auf die Frage aber, ob sie nun kommen würde, antwortete sie kurz und knapp mit „Nö!"

Gut, damit war zu rechnen, nicht wahr? Das war ja die Kernidee, die Kernfrage: was braucht es denn noch, außer Mann und Frau, außer Eizelle und Samen, damit neues Leben entsteht? Vor dieser Frage standen wir nun also wieder. Ich hatte schon ein klein wenig Bange, dass wir nicht weiterkommen würden, dass wir mit dieser Frage halt einfach leben müssten, als uns die Kinderseele weiterhalf: „Da fehlt noch etwas, da zwischen meinen Eltern, direkt dazwischen". Mann und Frau bestätigten dieses Bedürfnis, also stellten wir wieder jemanden dazwischen, auch zunächst wieder als eine Art X-Faktor, und versuchten dann, nach und nach, herauszufinden und zu benennen, was denn für dieses X steht.

Unser „X" stellte sich also zwischen Mann und Frau und so war endlich eine Verbindung zwischen diesen beiden da. Mit unserer neuen „Verbindung" kamen auch neue Gefühle auf. Mann und Frau empfanden Wärme füreinander. Unsere „Verbindung"-zwischen Mann und Frau empfand ambivalent: Einem zweipoligen

Magneten gleich empfand sie sowohl Abstoßung als auch Anziehung, Faszination und Reibung.

Hier war sie also endlich, unsere Sexualität! Und wie wunderschön umschrieben. Unser „X“ sollte uns aber noch viel mehr von sich erzählen, denn es stellte sich heraus, dass die Sexualität nur ein klitzekleiner Teilaspekt ihres Hoheitsgebietes ist.

Unsere Kinderseele war inzwischen äußerst zufrieden, sie sagte, sie könne nun im Prinzip ja kommen, aber der Sog sei noch nicht stark genug, sie warte einfach noch, auf ein „Flugzeug“.

Ihr erinnert euch? – als „Flugzeug“ bezeichneten wir einst dieses unbeschreiblich schöne und intensive Gefühl, das sich einstellt, wenn es denn endlich soweit ist, wenn die Kinderseelen sich direkt auf ihren Weg ins Leben machen.

Nach einer kurzen Zeit, die unser „X“ zwischen Mann und Frau verbrachte, fühlte es sich unwohl und wollte den Platz wieder verlassen. Mann und Frau fanden auch, dass es nun genug „Verbindung“ sei und sehnten sich ebenfalls nach dem ursprünglichen Abstand zueinander zurück. Unser „X“ probierte vorsichtig aus, wie es sich besser platzieren konnte und fand dann seine Position etwa ein, zwei Schritte zurück, hinter dem Platz zwischen Mann und Frau. Alle waren einverstanden, fühlten sich wohl, auch unsere Kinderseele, die aber sagte, dass sie so natürlich nicht kommen könne.

Kurze Zeit später gab es wieder Unzufriedenheit zwischen Mann, Frau und „X“ – und sie fanden alle drei, es sei Zeit für das „X“, die Verbindung wieder herzustellen. So wurden Mann und Frau wieder für eine Zeit lang „verbunden“, eben so lange, bis sie deren überdrüssig wurden, und die „Verbindung“ wieder für eine Weile zurücktrat.

Es stellte sich heraus, dass die „Verbindung“ immer einvernehmlich mit Mann und Frau und anscheinend immer genau das Richtige zum richtigen Zeitpunkt empfand. So einigten wir uns, dass es von nun ab seinen eigenen Impulsen nachgehen sollte. Das funktionierte bestens. Während der ganzen Aufstellung also bewegte sich unsere „Verbindung“ immer wieder zwischen Mann und Frau, und dann auch wieder von ihnen weg. Und so, wie sie sich bewegte, erinnerte uns dies an eine Art uralten Rhythmus, den wir in den Nebelwolken unseres Unterbewusstseins irgendwie zu kennen schienen.

Wie bekannt uns dies vorkam. Und wie wunderbar simpel hier doch ein anscheinend so kompliziert zu formulierendes Lebensgesetz ganz einfach dargestellt wurde. Und so ganz privat beschloss ich, nicht mehr so herumzumaulen, wenn mein Mann und ich in die nächste Ruhephase kommen sollten, die mir schon so manches Mal ein wenig Angst gemacht hatte, und die unfairerweise vielleicht die Therapeutin in mir sogar vor meiner eigenen Ehe nicht hatte halt machen lassen – mit dem Ziel, unsere eheliche Verbindung schnellstmöglichst wieder herzustellen. Welch eine Vermessenheit von mir!

Wie oft hatte ich euch vorgebetet: Hört auf zu kontrollieren, schmeißt die Thermometer in die Mülltonne, lasst den Eisprung hüpfen wie und wann er will, hadert nicht mit eueren Geburtsorganen, sondern habt mal ordentlich Respekt vor ihrer Leistung, und sagt vor allem mal *danke*! Danke! Danke!

Wie radikal dies manchmal für die eine oder andere geklungen haben mag? Und wie viel zu zart und vage mir dies jetzt vorkommt!

Ich greife von nun an also zum Megaphon, wenn ich es wieder sage, es ausrufe.

Mein Respekt vor dem Leben an sich war schon immer da. Aber mit diesem Bild vor Augen strömen die daraus resultierenden Konsequenzen nur so auf mich ein.

Dieses Lebensprinzip nun so vor Augen, wurde uns die wesentlich viel größere Tragweite eines solchen Kontrollversuchs aber noch klarer! Ich stellte mir so vor, dass ein gesundes System aus Mann, Frau, der „Verbindung“ als Ausdruck dieses „Lebens-Spendenden-Prinzips“ und der Kinderseele vielleicht gerade dabei ist, sich selbst zu verwirklichen. Und dann geht die Frau daher, und versucht mit Messgeräten, Kurvendiskussionen und Hormonstatiken dieses Prinzip nach ihrem Willen zu verbiegen und zu verdrehen. Mal ganz unabhängig von der Beleidigung dieses Prinzips, die eine solche Handhabung darstellt – welch einen Schaden richten wir an? Da sparen wir vielleicht Orgasmuskraft und Spermienqualität auf, für unseren geplanten Kalendersex – und verpassen dabei womöglich dieses klitzekleine Zeitloch, das vielleicht genau 5 Tage zuvor für genau uns und genau unsere kleine Kinderseele vom Lebensprinzip geöffnet worden war. Da verlernen wir vielleicht allmählich, die Zeit der „Verbindung", die Zeit des „Leben-Spendenden-Prinzips" körperlich und seelisch zu spüren, verpassen wir vielleicht, uns ihm zu gegebener Zeit in vollem Vertrauen wieder hinzugeben, dem Leben an sich, dem nämlich, von dem wir uns eingebildet hatten, es brächte uns Vorteile, es kontrollieren zu wollen. Welch ein Schaden! Und nicht nur für uns. Ich schrieb ja schon früher, wie schlecht sich die Kinderseelen manchmal fühlen können, wie sie sagen, dass sie mit der Zeit allmählich schwächer werden können, wenn Zeitloch um Zeitloch vergeht, Flugzeug für Flugzeug ohne sie startet.

Zurück zu unserem Parkett. Ihr könnt es euch sicherlich denken, was folgte: Die Kinderseele wartete geduldig auf ihr Flugzeug, ließ schon lange ihre Eltern nicht mehr aus den Augen. Wir fragten, ob es zu Mutter oder Vater wolle, und es antwortete: „weder noch", zeigte zum Lebensspendenden Prinzip und sagte: „Dorthin komme ich, dadurch komme ich und zwar zum richtigen Zeitpunkt."

Wir warteten also kurze Zeit ab. Und durften dann – sehr gerührt übrigens – zusehen, wie sich unsere Kinderseele zunächst auf das Lebensprinzip zu bewegte, kurz bevor sie es aber erreichte, ihren Weg in Richtung Mutter fortsetzte und etwa einen Meter vor ihr stehen blieb. Dieses „Bewegen" geschieht übrigens immer recht plötzlich und in einer Körperhaltung, die ich manchmal scherzhaft „Geiersturzflug" nenne, so sieht das wirklich aus. Irgendwann scheint es endlich soweit zu sein, die Kinderseele senkt Kopf und

Oberkörper, hält die Arme ganz nach vorne gestreckt und rennt dann einfach los.

So war es auch diesmal wieder. Interessant war, dass das lebensspendende Prinzip schon eine ganze Weile zwischen Mann und Frau gestanden hatte. Allen war klar, gleich, im nächsten Augenblick vielleicht würde es diese Position wieder verlassen müssen. Das wurde richtig spannend, denn die Kinderseele hatte sich noch nicht in Bewegung gesetzt. Mann und Frau schauten gebannt und gespannt auf die Kinderseele, in ihren Augen stand die eilige Aufforderung: „Na, los, komm endlich“, es war aber das Lebensspendende Prinzip, unser X-Faktor, der diesen Gedanken dann in klarer Form Worte verlieh. Es sagte: „Los, jetzt! Beeil dich! Setz dich in Bewegung!“.

So geschah es!

Mutterliebe

Mutterliebe ist die Kraft, die wir alle in uns tragen. Sie ist das Zentrum des Tanzes, der unaufhörlich von Mutter und Kind getanzt wird. Das ist ganz unabhängig davon, ob wir bereits Kinder haben oder nicht, ob wir bereits schwanger sind oder waren, oder noch nicht. Wir sind Frauen. Deshalb tragen wir die Mutterliebe in uns. Und deshalb tanzen wir mit unseren Kindern den Tanz von Mutter und Kind, ganz egal, ob wir uns darüber im Klaren sind, oder nicht. Mutterliebe ist eine Kraft, die in uns wirkt, und durch uns. Mutterliebe ist eine eigenständige Kraft.

Es mag sein, dass bei der einen oder anderen von uns das Signal dieser Kraft verletzt ist oder vorrübergehend blockiert, es mag sein, dass auf dem Übertragungsweg dieser Kraft der eine oder andere Stecker an der falschen Stelle sitzt. Noch! Es mag sein, dass das Signal noch nicht unverletzt durchgängig ist. Das macht aber nichts.

Wie alles in uns, hat auch diese Kraft ein enormes Potenzial zur Selbstheilung. Ja, vielleicht ist es sogar so, dass dieser Weg der Selbstheilung auch einen Teil unserer Lebensaufgaben ausmacht. So heilt sich unsere Seele, wissen wir. Sie führt uns immer wieder an die gleichen Prüfungen, so lange, bis wir gelernt haben, was zu lernen war. Und so führt sie uns auch im Kinderwunsch ganz treffsicher immer wieder an Themen und Prüfungen, die den einzigen Sinn haben, diese unsere Kraft, die Mutterliebe in uns, wieder frei und unversehrt fließen zu lassen. Wenn unsere Kinder dann geboren sind, dann setzen sie diese Arbeit fort.

Der Weg, den Frauen hierbei gehen, ist auf die eine oder andere Art immer der Gleiche. Sie gehen ihn bewusst oder unbewusst, sie gehen ihn schnell, oder sie gehen ihn langsam. Aber sie gehen ihn!

Ich habe in diesem Büchlein versucht, die Stationen dieses Weges aufzuzeigen, in der Absicht, euch ein Hilfsmittel ans Herz zu legen, eine Art Katalysator, mit dem ihr diesen Weg beschleunigen könnt, wenn ihr denn möchtet. Nicht ich bin es, welche die Kombination der vielen Stecker verändert, ihr selbst seid es.

Ich konnte euch nur die verschiedenen Orte dieser Steckplätze aufzeigen, und die verschiedenen Kräfte und Prinzipien, die wohl in ihnen wohnen.

So bin nicht ich die „Babyflüsterin“.
Ihr seid es!
Ihr selbst!